# Un viaje de tres meses con Nuestra Señora:

## un libro de reflexión de La Salette

Para
P. James Henault, M.S. y P. Ron Gagne, M.S.
Traductora de Inglés : Carmen Morales y Magda Morales

Missionaries of La Salette Corporation
915 Maple Avenue
Hartford, CT 06114-2330, USA
Website: www.lasalette.org

**Imprimi Potest:**

Muy Rev. P. René Butler, MS, Superior Provincial, Misioneros de Nuestra Señora de La Salette, Provincia de María, Madre de las Américas, 915 Maple Avenue Hartford, CT 06114-2330 EE. UU.

Copyright @ 1 de mayo de 2021 de los Misioneros de Nuestra Señora de La Salette, Provincia de María, Madre de las Américas, 915 Maple Avenue, Hartford, CT, 06106-2330, EE. UU.

Reservados todos los derechos. Ninguna parte de este libro puede ser reproducida, almacenada en un sistema de recuperación o transmitida, en cualquier forma o por cualquier medio, electrónico, mecánico, fotocopiado, grabación o de otro modo, sin el permiso por escrito de La Salette Communications Center Publications, 947 Park Street. , Attleboro, MA 02703

Reservados todos los derechos. Ninguna parte de este libro puede ser reproducida, almacenada en un sistema de recuperación o transmitida, en cualquier forma o por cualquier medio, electrónico, mecánico, fotocopiado, grabación o de otro modo, sin el permiso por escrito de La Salette Communications Center Publications, 947 Park Street, Attleboro, MA 02703

**Diseño de folletos y formato digital:** Jack Battersby y Fr. Ron Gagne, M.S.

Este y otros títulos de La Salette están disponibles en formato de papel, libro electrónico y audiolibro en www.Amazon.com, itunes. Apple.com y www.lasalette.org

**IBSN:** 978-1-946956-40-8

# Introducción

Ofrecemos este libro para apoyar a los laicos católicos inspirados en la Aparición de Nuestra Señora de La Salette y a aquellos que se han sentido atraídos por nuestra Madre Llorona y los principios de espiritualidad contenidos en su mensaje en La Salette.

Este recurso puede ser un punto de partida para la comprensión, la reflexión y la formación, con la esperanza de profundizar su apreciación de la profundidad y el significado de la Aparición de La Salette y su lugar en su vida diaria y profundizar su experiencia de las verdades bíblicas de la Aparición. Puede seleccionar cualquier parte de la reflexión de cada día que le parezca útil.

Esperamos que este ejercicio diario te ayude a adentrarte más en el proceso de conversión que puede llevarte a una vida cristiana de fe más auténtica, guiada por el mensaje de María, las Escrituras y breves reflexiones. Este libro es una recopilación de los volúmenes uno, dos y tres del "Manual de laicos de La Salette: 31 días de reflexiones sobre las apariciones" publicado por separado y en un formato más pequeño. Volumen Tres "fue editado por el P. Ron Gagne, M.S., principalmente utilizando una colección de reflexiones de novena escritas originalmente para honrar el 150 aniversario de la Aparición de La Salette en 1997. Los autores de esas novenas son: Días 63-71: Provincia de Nuestra Señora, Reconciliador, Suiza; Días 72-80: Provincia de Nuestra Señora de los Siete Dolores, Hartford, CT; Días 81-89: Provincia de la Inmaculada Concepción de Nuestra Señora, Brasil (por el P. Atico Fassini, M.S.); Día 90: por el P. Rene Butler, MS, de sus reflexiones sobre las escrituras; Días 91-93: Reflexiones sobre 2 Corintios, capítulo 5 del P. Ron Gagne, M.S.

## Como usar este libro

Este libro está destinado a ser utilizado brevemente: de tres a cinco minutos al día. Es posible que algunos días solo le permitan leer una pequeña parte de la reflexión de ese día; otros días tienes más tiempo disponible para la reflexión y la oración. Sea constante en el uso de este libro a diario, pero sea flexible en su formación permanente en la belleza y el desafío del mensaje de La Salette.

1) Este libro tiene una reflexión única para cada día con un formato variado, que a menudo contiene una parte del Mensaje de La Salette, citas de las Escrituras y preguntas de reflexión.

2) Puede concluir su tiempo de reflexión rezando un Padre Nuestro y un Avemaría como pidió Nuestra Señora durante su Aparición en La Salette. Y, como la propia Mary mencionó, "si tienes tiempo, di más".

3) También hemos incluido el Memorare, la oración de dedicación y la invocación de La Salette al final de este libro para incluirlos en sus oraciones.

# Prologo

## La Historia de La Aparicion de La Salette

El sábado 19 de setiembre de 1846, una "hermosa señora" se apareció a dos niños nativos de Corps, en los alpes franceses: Maximino Giraud, de once años y Melania Calvat, de casi quince, que cuidaban sus rebaños cerca de la villa de La Salette, en el monte Planeau, a 1800 metros de altura. De pronto, ven un globo de fuego en una cañada – "como si el sol hubiera caído allí". En la luz resplandeciente distinguen a una mujer, sentada, con los codos en las rodillas y tapándose la cara con las manos.

La hermosa señora se levanta y les dice en francés: *"Acérquense, hijos míos, no tengan miedo, vengo a contarles una gran noticia."*

Camina algunos pasos hacia ellos. Maximino y Melania, tranquilizados, decienden la pendiente: ahora están bien cerca de ella.

La hermosa señora no cesa de llorar. Es alta y está totalmente iluminada. Está vestida como las mujeres del lugar: vestido largo, un gran delantal en la cintura, una pañoleta cruzada y atada en la espalda, y un gorro de paisana. A lo largo del borde de la pañoleta, lleva una cadena ancha y chata. Lleva un gran crucifijo sobre el pecho, colgado de una cadena. Bajo los brazos de la cruz, a la izquierda de Cristo hay un martillo; a la derecha, unas tenazas. Del crucifijo emana toda la luz que forma la aparición, luz que brilla como una diadema en la frente de la hermosa dama. Lleva rosas que coronan su cabeza, bordean su pañoleta y adornan sus zapatos.

Esto es lo que la hermosa dama dice a los dos pastores, primero en Francés: *"Si mi pueblo no quiere someterse me veré obligada a soltar el brazo de mi Hijo. Es tan fuerte y tan pesado que ya no lo puedo soportar. ¡Hace tanto tiempo que sufro por ustedes! Si quiero que mi Hijo no los abandone, tengo que encargarme de rezarle sin cesar, y ustedes no hacen caso. Por más que recen, hagan lo que hagan, nunca podrán recompensarme por el trabajo que he emprendido en favor de ustedes.*

*"Les he dado seis días para trabajar y me he reservado el séptimo, pero no quieren dármelo. ¡Esto es lo que hace tan pesado el brazo de mi Hijo! Y también, los que conducen las carretas no saben jurar sin mezclar el nombre de mi Hijo! Estas son las dos cosas que hacen tan pesado el brazo de mi Hijo.*

*"Si se arruina la cosecha es únicamente por culpa de ustedes. Se los hice ver el año pasado con respecto a las papas: pero no hicieron caso. Al contrario, cuando encontraban las papas arruinadas, juraban, merzclando el nombre de mi Hijo. Se arruinarán otra vez, y este año, para Navidad, ya no habrá más."*

La palabra "papas" intriga a Melania. En el dialecto común del lugar, se dice "las truffas". La pastorcita se vuelve entonces hacia Maximino... pero la hermosa señora se le adelanta:

*"¿No me entienden, hijos míos? A ver si les digo con otras palabras."*

Y la hermosa dama repite lo dicho sobre la cosecha y prosigue su discurso en el dialecto de Corps:

"*Si tienen trigo, no deben sembrarlo. Todo lo que siembren se lo comerán los bichos y lo que salga se pulverizará cuando lo sacudan.*

"*Vendrá una gran miseria. Antes de que venga el hambre, los niños menores de siete años se enfermarán de un temblor y morirán en los brazos de las personas que los sostengan. Los demás harán penitencia por medio del hambre. Las nueces estarán carcomidas, las uvas se pudrirán.*"

Aquí, la hermosa dama dice un secreto a Maximino y luego otro secreto a Melania. Y prosigue su discurso a los do niños:

"*Si se convierten, las piedras y los peñascos se transformarán en un montón de trigo, y las papas se encontrarán sembradas por los campos.*

"*¿Hacen ustedes bien la oración, hijos míos?*"

"¡Casi nunca, Señora!" confiesan los dos pastores.

"*¡Ah!*" *hijos míos, deben hacerla bien, por la noche y la mañana, aunque más no sea un Padre Nuestro y una ave María cuando no puedan hacer más. Cuando puedan hacer algo mejor, recen más.*

"*En verano, sólo van algunas mujeres ancianas a Misa. Los demás trabajan el domingo, todo el verano. En invierno, cuando no saben que hacer van a Misa sólo para reirse de la religión. En Cuaresma, van a la carnicería, como los perros.*

"*¿No han visto nunca trigo arruinado, hijos míos?*"

"¡No, Señora!" responden.

Entonces la hermosa señora de dirige a Maximino:

"*Pero tú, hijo mío, seguro que lo has visto una vez, en el Coin, con tu padre. El dueño del campo le dijo a tu padre que fuera a ver su trigo arruinado. Y ustedes fueron, tomaron dos o tres espigas en sus manos las restregaron y se hicieron polvo. Cuando volvían, a menos de media hora de Corps, tu padre te dió un pedazo de pan diciendo: 'Toma, hijo mío, come pan este año ¡porque no sé quien podrá comer el año que viene si el trigo sigue así!'*"

"Oh sí, Señora", responde Maximino "ahora me acuerdo. Hace un rato, no me acordaba."

Y la hermosa señora concluyó, no en dialecto, sino en Francés:

*"Bueno, hijos míos, se lo dirán a todo mi pueblo."*

Luego ella avanza, cruza el arroyo, y sin darse vuelta insiste:

*"Animo, hijos míos, díganselo a todo mi pueblo."*

La Aparición sube por una cuesta sinuosa que va hasta el Collet (pequeño estrecho). Allí, se eleva. Los niños la alcanzan. Ella mira al cielo, luego a la tierra. En dirección al sudeste, "se confunde en la luz." Y luego desaparece la claridad.

El 19 de setiembre de 1851, luego de "un examen exacto y riguroso" sobre el acontecimiento, los testigos, el contenido del mensaje y su resonancia, Mons. Philibert de Bruillard, Obispo de Grenoble, juzga, en un mandato doctrinal, que "la aparición de la Santa Virgen a dos pastores, el 19 de setiembre de 1846 en un montaña de la cadena de los Alpes, situada en la parroquia de La Salette,... tiene en sí misma todas las características de la verdad y que los fieles tienen fundamento para creer que es indudable y cierta."

El 1er de mayo de 1852, en un nuevo mandato, luego de haber anunciado la construcción de un Santuario en la montaña de la aparición, el Obispo de Grenoble agregaba:

> "Por más importante que sea la erección de un Santuario, hay algo más importante todavía: los ministros de la religión que lo atenderán, que recibirán a los piadosos peregrinos, que les harán escuchar la palabra de Dios, que ejercerán hacia ellos el ministerio de la reconciliación, que les administrarán el augusto sacramento de nuestros altares y que serán para todos los fieles dispensadores de los misterios de Dios y de los tesoros espirituales de la Iglesia.
>
> "Estos sacerdotes se llamarán Misioneros de Nuestra Señora de La Salette; su creación y su existencia serán, así como el mismo Santuario, un recuerdo perpetuo de la misericordiosa aparición de María."

Contagiados del espíritu de la aparición, los primeros sacerdotes que se dedicaron al servicio de los peregrinos sintieron desde el principio el llamado hacia y la necesidad de una vida religiosa. Seis de ellos hicieron sus primeros votos el 2 de febrero de 1858 de acuerdo con las Constituciones provisionales adaptadas en 1862 para incluir a los Hermanos. A partir de ese entonces, Sacerdotes y Hermanos han sido una familia religiosa.

La Aparición de María en La Salette es un recordatorio moderno de una verdad antigua: que María constantemente intercede por nosotros ante Dios; que ella es la reconciliadora de pecadores y que quiere que sigamos el mensaje y el camino de su hijo, Jesús.

Los Misioneros de La Salette tienen su base en el mensaje de reconciliación y la misión de esta aparición de María. Su congregación está conformada por alrededor de 1,000 sacerdotes y hermanos y algunos cientos de religiosas de La Salette; todos motivados por el carisma y ministerio de la reconciliación y hacen que el mensaje de María sea conocido por todas las personas en más de treinta países alrededor del mundo.

## Para Su Reflexión

**Lectura Bíblica: Juan 19: 25-27 (Mujer, ahí tienes a tu hijo...)**

> Y junto a la cruz de Jesús estaban su madre, y la hermana de su madre, María, la mujer de Cleofas, y María Magdalena. Y cuando Jesús vio a su madre, y al discípulo a quien El amaba que estaba allí cerca, dijo a su madre: ¡Mujer, he ahí tu hijo! Después dijo al discípulo: ¡He ahí tu madre! Y desde aquella hora el discípulo la recibió en su propia casa.

**Preguntas para reflexionar:**

- ¿Cómo ves a María como nuestra madre, en sus palabras en la aparición en La Salette?

- ¿Qué palabras, acciones o actividades expresan sus cualidades maternales?

## Oración:

**María, Madre de los Afligidos,** mientras estabas al pie de la Cruz y observabas a tu Hijo en agonía, tu corazón era traspasado con la espada de la aflicción. Cuando apenas tu Hijo logra hablar su preocupación fue por ti y por su neófita Iglesia. Él te dijo: ¡Mujer, he ahí tu hijo! Y entonces dijo al discípulo: ¡He ahí tu madre! Con estas palabras no sólo fuiste bienvenida al hogar del discípulo pero también te convertiste en la madre de la Iglesia, de la cual todos los bautizados somos miembros.

**En La Salette,** tus infinitas lágrimas mostraron tu profunda inquietud por nosotros, tus caprichosos hijos. Háblanos nuevamente desde tu misericordioso mensaje en La Salette: permite que tus palabras toquen nuestros corazones y renueve nuestras vidas. Lo pedimos en el nombre de Jesús, tu Hijo. **Amén.**

## Invocación:

**Nuestra Señora de La Salette,** Reconciliadora de los pecadores, ruega siempre por nosotros que recurrimos a ti.

# Día 1:
# Invitatión

**María dijo:** "Acérquense, hijos míos..."

"*Vengan conmigo y los haré pescadores de hombres*" (Mateo 4:19).

"*Ellos dijeron a (Jesús), 'Maestro, ... ¿dondé vives?" El les respondió: 'Vengan y lo verán'*" (Juan 1:38-39).

"*Jesús llegó..., 'Zaqueo, baja enseguida, porque hoy tengo que hospedarme en tu casa'*" (Lucas 19:5).

**Reflexión:** En la Salette María invito dos niños pequeños a acercarse. El hijo de María, Jesús, a lo largo de su ministerio invitó a los discípulos, las multitudes y el colector de impuestos y los pecadores vinieron y pasaron tiempo con él.

El poder de la invitación puede realmente cambiar la influencia de nuestras vidas y de los otros. Siendo invitado a un evento o a una relación es frecuentemente la bienvenida a comenzar una nueva experiencia en la vida.

Como seguidor de María en La Salette, nosotros necesitamos un viaje juntos con los demás para ayudarles a experimentar el amor de Dios a través de nosotros. Esto es muy fácil de compartir un momento o experiencia con otro para luego enviarlos solos.

- ¿Cuando he invitado a alguien para participar en algo nuevo?
- ¿Como he sido yo cambiado por una invitación?
- ¿Como puedo evaluar mis habilidades de dar la bienvenida?

# Día 2:
# Familia de Dios

**María dijo:** "...hijos míos, ..."

"*Jesús, al ver a su madre y junto a ella al discípulo a quien tanto amaba, dijo a su madre: —Mujer, he aquí a tu hijo. Después dijo al discípulo: —Ahí tienes a tu* madre" (Juan 19:26-27a).

"Ustedes oren así: 'Padre nuestro, que estás en el cielo, santificado sea tu nombre'" (Mateo 6:9).

"Y el res les responderá: 'Les aseguro que cuando lo hicieron con uno de estos mis hermanos más pequeños, conmigo lo hicieron'" (Mateo 25:40).

**Reflexión:** María llamo a los dos pastores a La Salette sus hijos. Ella les hablo a ellos como "mis Hijos". Ella no uso sus nombres pero ella conocía los detalles privados de sus vidas. Jesús enfatizo que Dios nuestro Padre y no simplemente el suyo. Ciertamente todos somos hermanos y hermanas.

*El descanso en la huida a Egipto* by Fra Bartolomeo (1472–1517)

Durante su dialogo María pidió a los niños que rezaran al menos un Padre Nuestro y un Ave María en la mañana y en la tarde. Por qué? Es para reforzar la relación mutua que ellos tienen, que nosotros tenemos con el Padre y ella. Nosotros somos la familia de Dios.

- ¿He experimentado el amor de Dios y de María en mi vida?
- ¿Creo que todas las personas son mis hermanos y hermanas?
- ¿Cómo puedo promover estas relaciones en lo que hago y como vivo?

# Día 3:
# Calmando nuestros Miedos

**Maria dijo:** "...No tengan miedo".

"El ángel dijo: 'No temas María, pues Dios te ha concedido su favor'" (Lucas 1:30).

"José, hijo de David, no temas aceptar a María como tu esposa"

(Mateo 1:20b).

Cuando ellos le vieron (Jesús) andando sobre el mar... ellos ... habian asustado. Pero Jesús les habló inmediatamente y les dijo, "¡Ánimo! Soy yo, no tengan miedo."(Marcos 6:49-50).

**Reflexión:** Calmando nuestros miedos es el primer paso en el proceso de reconciliación y sanación. El nos ayuda a escuchar, a estar cerca, a ser abiertos al señor, a tener esperanza. Cuando Jesús apareció a los discípulos después de su resurrección sus primeras palabras fueron "la Paz sea contigo

Los temores se interponen en el camino de la altura de nuestro máximo potencial. Pueden ponernos a la defensiva, incapaces de actuar. Puede mantenernos en pecado porque nosotros tenemos miedo de dejar atrás nuestras viejas formas de actuar. Puede prever la reconciliación y el amor.

Calmando nuestros miedos nosotros podemos empoderarnos para entrar más profundamente en las relaciones, y alcanzar grandes obras en nuestras vidas.

- ¿Cuando he tenido realmente miedo?
- ¿Que miedos me causan dudan a no alcanzar mi potencial?
- ¿Como puedo yo calmar otros miedos y consolarlos?

## Día 4: Buenas Noticias

**María dijo:** "Vengo a Contarles una gran noticia".

*"No teman, pues les anuncio una gran alegría, que lo será para ustedes y para todo el pueblo"* (Lucas 2:10).

*"El espíritu del Señor esta sobre mí, porque me ha ungido para anunciar la buena noticia a los pobres"* (Lucas 4:18a).

*"Entonces María dijo: 'Mi alma glorifica al Señor, y mi espíritu se alegra en Dios mi Salvador'"* (Lucas 1:46-47).

**Reflexión:** Las grandes noticias de La Salette no fueron sobre el hambre o la peste. No fue sobre nuestra pecaminosidad o rechazo a Dios. No fue sobre el duro castigo que les espera a los que se alejan de la justicia. Fue justo lo opuesto.

María tiene una gran esperanza para nosotros. Ella sabe que fuimos creados a la imagen y semejanza de Dios como la encarnación testifica. La gran noticia es que Dios cuida de nosotros, nos ama y siempre está listo para perdonarnos. Nosotros somos los llamados a proclamar la buena nueva a todos los que encontramos.

- ¿Qué buena noticia he oído en mi vida en el pasado reciente?
- ¿He compartido esa nueva noticia que escuche con otros o al menos chismeado acerca de ella?
- ¿Como yo he proclamado la bondad del señor a otros?

## Día 5:
## El Poder de la Lágrimas

**Los dos niños** dijeron que María lloro durante toda la aparición.

*"Dichosos los afligidos, porque Dios los consolará"* (Mateo 5:4).

*"Cuando Jesús, al verla llorar, y los judíos, que también lloraban, se conmovió y suspiró profundamente. Después le pregunto: '¿Donde lo han sepultado?' Ellos contestaron: 'Ven, Señor, y te lo mostraremos'. Entonces Jesús comenzó a llorar"* (Juan 11:33-35).

*"Esto les servitá de señal: encontrarán un niño envuelto en pañales y acostado en un pesebre"* (Lucas 2:12).

**Reflexión:** Siendo vulnerables nos permite estar más cerca del otro, sentirse a salvo en nuestra presencia.

La encarnación es el momento más vulnerable del Dios, como él se pone en manos de la humanidad. Amando a los otros es también un acto de vulnerabilidad ya que nos puede exponer a la pena y al dolor cuando nos confiamos a otros.

Nosotros podemos llorar cuando alguien que amamos se muere. En La Salette María llora por la decepción en sus hijos. Ella tiene esa gran esperanza en nosotros y quiere lo mejor para nosotros. Pero nosotros debemos responder a sus lágrimas de amor.

- ¿Alguna vez he bajado mi guardia y permitido a mi mismo estar abierto al otro¿
- ¿Reconozco el poder de permitir que el otro vea mi vulnerabilidad y así permitirle acercarse a mí?
- ¿Cuando fue la última vez que llore? Qué fue lo que realmente toco mi corazón?

## Día 6: Sumisión

**Maria Dijo:** "Si mi pueblo no quiere sometersetú te reúsas a someterte..."

"Se alejó de ellos como a la distancia de un tiro de piedra, se arrodillo y suplicaba así: 'Padre, si quieres aleja de mí este cáliz de amargura; pero no se haga mi voluntad, sino la tuya'" (Lucas 22:41-42).

"Entonces Jesús lanzó un grito y dijo: Padre, en tus manos encomiendo mi espíritu" (Lucas 23:46).

"Tengan, pues, los sentimientos corresponden a quienes están unidos a Cristo Jesús. El cual, siendo de condición divina, no consideró condiciable el ser igual a Dios... se humilló a sí mismo haciéndose obediente hasta la muerte, y una muerte de cruz" (Filipenses 2:5-6,8).

**Reflexión:** Libertad y sumisión parecen ser polos opuestos. Nosotros frecuentemente no nos dejamos llevar y ser seguidores, controlados por otros. Sin embargo, eso fue lo que hizo Jesús en su vida y su ministerio. El siguió el plan del Padre. El respondió a las necesidades de los otros como fue sanado, alimentado, ensenado y finalmente murió por nosotros. El nunca cayó en la tentación de cuidarse a si mismo primero. Como San Paul nos recuerda en el Himno Kenotic, "se humilló a sí mismo haciéndose obediente hasta la muerte, y una muerte de cruz".

María nos pidió que dejáramos nuestras necesidades de controlarnos a nosotros mismos, al mundo y a otros. Ella nos pidió darnos cuenta que no podíamos hacer esto solo, porque Dios está siempre allí para ayudarnos.

- ¿Cuando recientemente lo he dejado pasar creyendo que dios lo tiene designado para mí?
- ¿Donde Dios me ha ayudado a mi cuando me di cuenta que no podía alcanzar algo solo?
- ¿Que es lo que todavía tengo que dejar soltar, dejar ir en mi propia vida y relaciones?

# Día 7:
# La Madre Sufrimiento

**María dijo:** "¡Hace tanto tiempo que sufro por ustedes!"

"Simeón los bendijo y dijo a María su madre: 'Mira, este niño hará que muchos caigan o se levante en Israel. Será signo de contradicción, y a ti misma una espada te atravesará el corazón; así quedaran al descubierto las intenciones de muchos'" (Lucas 2:34-35).

"(El hijo priodigo)... se levantó y regresó a la casa de su padre. Cuando aún estaba lejos, su padre lo vio, y, profundamente conmovido salió corriendo a su encuentro, lo abrazó y lo cubrió de besos" (Lucas 15:20).

"Jesús decía: 'Padre, perdónalos, porque no saben lo que hacen'" (Lucas 23:34).

**Reflexión:** Simeón hablo de las penas de María que le traspasaría el corazón. En las escrituras hay siete grabadas. Pero sus penas continuaron y la guiaron a La Salette, como a ella nos llega la pena de los hijos descarriados. Nosotros como padres y líderes podemos sufrir una pena a menudo, ser lastimados, decepcionados cuando vemos aquellos que amamos escogiendo el camino equivocado. Nosotros frecuentemente queremos intervenir, para alejar, para cambiar el curso de decisiones pecaminosas y equivocadas. En la pena debemos ver la esperanza.

El padre del hijo prodigo permitió que el hijo tuviera parte la propiedad y lo dejo ir, pero pendiente cada día de manera de darle la bienvenida cuando el regresara. Esperar y mirar a veces duele.

- ¿Cuando hemos sentido impotencia en tratar de ayudar a otro en su necesidad?
- ¿Veo la pena que causo a otros cuando tomo pobres decisiones en mi propia vida?
- ¿Para quien estoy buscando esperanza?

# Día 8:
# Dios Abandonando Nosotros

**María dijo:** "Si quiero que mi hijo no te abandone, yo debo suplicarte sin cesar".

"...Jesús grito con fuerte voz, 'Eli, Eli. ¿lemá sabachthani?' Que quiere decir: 'Dios mío, Dios mío, ¿por qué me has abandonado?'" (Mateo 27:46).

"¿Acaso olvida una madre a su niño de pecho, y deja de querer al hijo de sus entrañas?" (Isaías 49:15).

"Yo los reuniré de todos los países... los conduciré de nuevo a este lugar y haré que vivan seguros en él. ...los traeré de regreso a este lugar, a establecerse y hare que estén seguros en el. Serán mi pueblo y yo seré su Dios" (Jeremías 32:37-38).

Crucifixion de cristo por Pietro Perugino (1448-1532); foto: Livioandronico2013

**Reflexión:** Perder de vista a Dios pues ser tan fácil como un niño vagando lejos y perderse en un instante. Accidentalmente extraviarse o escoger un foco diferente en la vida puede pasar muy fácil. Haciendo el cruce equivocado puede llevarnos en la dirección equivocada y con frecuencia nosotros no nos detenemos a pedir ayuda.

Dio nunca nos abandona pero él puede en algún momento parecer estar lejos. Porque con el regalo del libre albedrio que viene de ser formado en Dios como imagen y semejanza, nosotros tenemos la libertad de pecar. La gran tentación en la vida comenzó con Adán y Eva deseando ser tan poderos como Dios, nosotros podemos pensar que no necesitamos a Dios, que podemos seguir nuestro propio camino por la vida solos.

- ¿Que tan frecuente escojo hacer cosas por mí mismo, sin la ayuda de Dios y de otros ?
- ¿Donde esta Dios cuando siento que Dios me ha abandonado?
- ¿Como puedo traer esperanza a otros que sienten a Dios alejado de ellos?

# Día 9: Expiación

**María dijo:** "Por más que oremos, por más que hagamos nunca seremos capaces de pagar".

*"Al ver Dios lo que hacían y cómo se habían convertido, se arrepintió y no llevo a cabo el castigo con que los había amenazado" (Jonás 3:10).*

*"Y (el buen ladrón) añadió : 'Jesús, acuérdate de mí cuando vengas como rey'. Jesús le dijo: 'Te aseguro que hoy entrarás conmigo en el paraíso'" (Lucas 23:42-43).*

*"Cristo, por el contrario, no ofreció más que un sacrificio por el pecado y se sentó para siempre a la derecha de Dios... Con esta única ofrenda ha hecho perfectos de una vez para siempre a quienes que han sido consagrados a Dios" (Hebreos 10:12-14).*

**Reflexión:** Jesús murió por nuestros pecados. La salvación es el libre regalo que nosotros recibimos de Dios. Nosotros no lo merecemos, pero es nuestro deber tomarlo.

Cuando somos perdonados por nuestra transgresión, hay una tendencia nuestra natural de intentar compensar lo que hemos hecho pero el perdón es un don gratuito de Dios. Esto aplica a nuestras relaciones con Dios y con Otros. Nosotros debemos simplemente aceptar este don y no tratar de controlarlo. Todo es cuestión de nuestra actitud de aceptación de este regalo.

Siempre que somos perdonados, nosotros debemos usar ese regalo bien. La historia del hijo prodigo (o la piedad del padre) nos recuerda que el Padre no permitirá a su hijo hablar de su ingenuidad. El siempre será su hijo y no tiene que ganar nada. Pero el hijo necesita aceptar y verdaderamente apreciar el don gratuito del perdón de su Padre. Luego la nueva vida del hijo puede comenzar.

- ¿Puedo aceptar el don del perdón?
- ¿Puedo perdonar a otros sin ataduras?
- ¿Que Dios ha hecho por mi?

# Día 10:
# El Día del Sábado

**María dijo:** "Les he dado seis dias para trabajar y me he reservado el séptimo, pero no quieren dámelo".

*"Cuando llegó el día séptimo, Dios había terminado su obra, y descansó el día séptimo de todo lo que había hecho. Bendijo Dios el día séptimo y lo consagró, porque en él había descansado de toda su obra creadora"* (Génesis 2:2-3).

*"Habla tú a los israelitas y diles: 'Ante todo, observen mis sábados que son signo de la relación que existe entre mí, ustedes y todos sus descendientes. Así se reconocerá que yo soy el Señor, quien los consagra'"* (Exodo 31:13).

*"(Jésus) añadió: 'El sábado ha sido hecho para el hombre, y no el hombre para el sábado'"* (Marco 2:27).

**Reflexión:** Nosotros vivimos en un mundo ocupado, similar a los granjeros de 1846 sobre el cual María hablo. Hoy nosotros encontramos mucho que hacer en los domingos. Aunque, este debe ser un día de verdadero descanso y refrescamiento. Domingo para cenar, leer los periódicos, visitar a la familia y a los amigos, adorar a Dios, todas estas esenciales partes de nuestra vida, y debemos tomar tiempo para ellas.

El Sabbath es todo sobre enfocarse en lo que es más importante nuestras vidas: Dios, familia, amigos y comunidad. Idealmente nosotros deberíamos hacer estas relaciones tan importantes todos los días. Si no somos cuidadosos, el domingo se convierte justo solo en otro día. Nosotros necesitamos un descanso que nos saque de nuestra rutina, reenfocarnos y renovar nuestra apreciación por el propio lugar para el descanso y refrescamiento.

- ¿Me relajo y disfruto la vida un día cada semana, tomando tiempo para lo que es importante?
- ¿Permito que el trabajo y las responsabilidades me detengan de enfocarme en lo que es más importante?

# Día 11:
# Respetando el Nombre

**María dijo:** "...los que conducen las carretas no saben jurar sin mezclar el nombre de mi Hijo".

*"...para que ante el nombre de Jesús se doble toda rodilla en los cielos, en la tierra y en los abismos, y toda lengua proclame que Jesús Cristo es Señor, para gloria de Dios Padre" (Filipenses 2:10-11).*

*"En Antioquía fue donde por primera vez se llamó a los discípulos 'cristianos'" (Hechos 11:26b).*

*"Pedro le dijo: 'No tengo plata ni oro, pero te doy lo que tengo: en nombre de Jesúcristo Nazareno, levantate y camina.' (Luego Pedro) tomándolo de la mano derecha, lo levantó. Inmediatamente sus pies y sus tobillos se fortalecieron" (Hechos 3:6-7).*

**Reflexión:** Muchos de nosotros aprecian nuestra reputación. Queremos que nuestra familia y su nombre sean respetados. Los negocios mantengan su marca como algo sacrosanto; ellos no quieren su nombre empañado. Tampoco Dios.

Pero empañar el nombre del Señor es más que maldecir y Jurar, estamos dando pobres testimonios por lo que decimos y hacemos. Si somos seguidores de Cristo debemos atestiguar la verdad con nuestras vidas, al igual que los miembros de la primitiva iglesia de Antioquia.

Dios no coloca obstáculos en nuestro caminos pero en su lugar Dios nos levanta. Si nosotros nos diéramos cuenta cuanto tenemos de las gracias de Dios, nosotros respetáramos su nombre y atesoráramos su amor.

- ¿Las personas conocen que yo soy cristiano por la manera que hablo y actuó?
- ¿Aprecio lo que Dios ha hecho por mi?
- ¿Como soy yo Jesús para aquellos que conozco?

## Día 12:
# El Pesado Brazo

**María dijo:** "Estas son las dos cosas que hacen tan pesado el brazo de mi Hijo".

*"Cuando Moisés tenía el brazo levantado vencía Israel, y cuando lo bajaba vencía Amelec. Como se le cansaban los brazos a Moisés, tomaron una piedra y se la pusieron debajo; el se sentó y Aarón y Jur le sostenían los brazos... Y Josué derrotó a los amalecitas y a su ejército a golpe de espada" (Exodo 17:11-13).*

*"Luego tomó a un niño (Jesús), lo puso en medio de ellos y, abrazándolo, les dijo: 'El que recibe a un niño como éste en mi nombre, a mí me recibe; y el que me recibe a mí, no es a mí a quien recibe, sino al que ha enviado'" (Marco 9:36-37).*

**Reflexión:** El fuerte brazo es frecuentemente mal interpretado como la ira de Dios, enviada como relámpagos en nuestros caminos y para aplastar nuestra vida y nuestro mundo. Jesús nos enseño por su vida y muerte que nada puede parar su amor. El nos recuerda que la enfermedad y desastre no son resultado del pecado sino, de las realidades de la vida. Dios no es por nosotros. Sin embargo cuantas veces oímos o pensamos:" Porque Dios me está haciendo esto a mi ".

María hablo con sus padres de su frustración sobre sus hijos como ella los veía pecar y olvidar como eran llamados a ser. Los brazos fuertes de Jesús fueron clavados en una cruz con una eterna invitación para nosotros de estar más cerca. El abrazo a los niños, los leprosos, los colectores de impuestos y prostitutas. El nos guiara con su mano si nosotros queremos seguirlo.

- ¿Como Dios me abraza a mi hoy?
- ¿Veo yo a Dios estrechado sus brazos invitándome a acercarme

o he echado de menos su invitación?
- ¿En tiempo de stress y problemas, yo siento la mano de Dios levantándome? O todavía siento que dios me está castigando?

# Día 13:
# Desastres y Sufrimiento

**María dijo:** "Si la cosecha es arruinada es solo por tu propia cuenta... no prestaste ninguna atención".

"Entonces Job se levantó, rasgó sus vestiduras y se rapó la cabeza. Luego se postró en tierra en actitud de adoración y dijo: 'Desnudo salí del vientre de mi madre, y desnudo regresaré allí. El Señor me lo dio, el Señor me lo quitó. ¡Bendito sea el nombre del Señor!'" (Job 1:20-21).

"Jesús se dirigió a ellas y les dijo: 'Mujeres de Jerusalén, no lloren por mí; lloren más bien por ustedes y por sus hijos'" (Lucas 23:28).

"Habrá grandes terremotos y, en diversos lugares, hambre, pestes, cosas espantosas y grandes señales del cielo" (Lucas 21:11).

**Reflexión:** La pena y el sufrimiento es parte de la vida de la mayoría de las personas en este mundo. Nosotros debemos enfrentar turbulencias en nuestra relación, nosotros podemos ser mal interpretados y rechazados por otros, todas nuestras esperanzas y sueños no siempre funcionan. Jesús experimento las mismas realidades en su vida y a través de la pasión de su muerte. El sabe cómo nos sentimos cuando somos confrontados por la pena y el sufrimiento. El nos demostró como son esas decepciones, y que todavía podemos seguir adelante.

La hambruna, los terremotos, los huracanes, tornados, enfermedad y muerte no son ciertamente acciones de Dios. Son parte de la condición del ser humano. Nosotros somos ayudados a través de ellos a creer en Dios. Ellos son momentos de suscitan nuestra oración intensa a medida que reconocemos que están mas allá de nuestro control.

- ¿Cuando he tenido una intensa oración ante un reto o situación?

- ¿Como el espíritu del trabajo se expresa en mi propia vida?

# Día 14:
# Comprendiendo la Palabra

**María dijo:** "¿No me entienden, hijos mios? A ver si les digo con otras palabras".

*"(Al llegar el día de Pentecostés) en Jerusalén judios piadosos venidos de todas las naciones de la teirra... Al oir ruido, acudieron en masa y quedaron deconcertados, porque cada uno los oía habloar en su propia lengua. Todos, sorprendidos y admirsdos, decian: '¿No son galileos todos los que hablan?'" (Hechos 2:5-7).*

*"Pilato mandó escribir y poner sobre la cruz un letrero con esta inscripción: 'Jesús de Nazaret, el rey de los judíos'. Leyeron el letrero muchos judíos, porque el lugar donde había sido crucificado estaba cerca de la ciudad" (Juan 19:19-20).*

*Torre de Babel* by Alain Manesson Mallet (1630-1706)

**Reflexión:** La torre de babel describe la división del mundo por el uso de diversas leguas como resultados del atentado de la humanidad para alcanzar el cielo. En términos míticos, en nuestro esfuerzo por encontrar nuestro camino a Dios por nuestros propios medios puede llevarnos a la destrucción y la separación. Las gente no se podían comprender unas a otras y más importante entender su relación con Dios.

Jesús nos revelo el misterio del reino en parábolas, enseñándonos y más especialmente con su vida, muerte y resurrección. El quiere que nosotros entendamos y percibamos que la vida es sobre como el

Padre está involucrado en nuestras vidas. Nosotros aprendemos esto por escuchar a la palabra, por ver la acción de Dios en nuestras vidas, discerniendo lo que Dios hará en nuestras vidas.

- ¿Como yo veo a Dios trabajando en mi vida?
- ¿Que me llama Dios a Ser y hacer en este momento, en este tiempo?
- ¿Creo en la venida del reino en el mundo de hoy a través de Dios y de mi?

# Día 15:
# Conversión

**María dijo:** "Si se convierten..."

*"El les dijo: 'Porque tienen poca fe; les aseguro que si tuvieran una fe del tamaño de un grano de mostaza, dirían a esta montaña: «Trasládate allá» y se trasladaría, nada les sería imposible'" (Mateo 17:20).*

*"Jesús respondió: 'Les aseguro que todo aquel que haya dejado lcasa o hermanos o hermanas o madre o padre o hijos o tierras por mi y por la buena noticia, recibirá en el tiempo presente...'" (Marcos 10:29-30a).*

**Reflexión:** Conversión no es cambiar la fe por las creencias, no es aceptar nuevos factores científicos o explicaciones, no es simplemente pararnos en hábitos pecaminosos. Es fundamentalmente un cambio en nuestra mente y corazón a través del cual permitimos a Dios, ser Dios y permitirnos a nosotros mismos tener la libertad de depender de Dios.

El pueblo de 1846 al igual que los que vinieron antes y después, comenzaron a creer que ellos no necesitaban a Dios. Ellos sentían que ellos eran los maestros de su propio destino. El progreso y la prosperidad pueden ciertamente embotar nuestra conciencia de nuestra necesidad de Dios. Es por eso que las escrituras nos ensenan "es difícil para un hombre rico entrar en el reino de Dios" y "bendecidos son los pobres" es lo central en nuestra fe cristiana. El pobre tiene un poco de problemas reconociendo sus necesidad de Dios y otros. Frecuentemente cuando nosotros nos damos cuenta que no podemos hacernos por nuestros propios medios es cuando nos abrimos a la ayuda de otro, y de Dios.

- ¿Puedo alegremente aceptar la ayuda y el consejo de otros?
- ¿Reconozco mi responsabilidad hacia los pobres y los necesitados?
- ¿Que estoy dispuesto hacer para dejar atrás y ser libre?

## Día 16:
## El Poder del Amor

**María dijo:** "...las piedras y los peñascos se transformarán en montón de trigo..."

*"El amor es paciente y bondadoso: no tiene envidia ni orgullo ni arrogancia" (1 Corintio 13:4).*

*"Tanto amó Dios al mundo que le dio a su Hijo único, para que todo el que crea en el no perezca, sino que tenga vida eterna"(Juan 3:16).*

*"Esta será la alianza que haré con el pueblo de Israel después de aquellos días, oráculo del Señor: Pondré mi ley en su interior y la escribiré en su corazón; yo seré su Dios y ellos serán mí pueblo" (Jeremías 31:33).*

**Reflexión:** El amor lideriza nuestras vidas – vida eterna. El amor de Dios no perdono a su hijo sino que lo entrego a la muerte. En Amor el Señor repetidamente nos ofrece un pacto. En amor, la vida de las personas cambia y lo que parece difícil o aun imposible puede ser realizado precisamente porque nosotros amamos profundamente.

Las piedras en el campo fueron obstáculos para el campesino y su arado. Ellas hicieron la siembra de cultivos difíciles. El trabajo tiene que parar; el esfuerzo hecho para mover esas piedras al lado del campo y tomaron la posibilidad de usarlas como paredes de protección.

Con el amor de Dios y su asistencia – eso es la gracia- nosotros somos capaces de ver obstáculos y transformarlos en algo bueno. Cuando amamos el cuidado de la esposa o el hijo enfermo puede de alguna manera ser más fácil. Con amor, las tareas son completadas más fáciles; los momentos de dificultad se mantienen en su propia perspectiva.

- ¿Cuando el poder del amor me ha dado mayor libertad para soportar una situación difícil?
- ¿Mi amor por los demás me ayuda a responder a las necesidad de otros también?
- ¿Que es lo que empuja mi corazón?

# Día 17:
# Aligera la Carga

**María dijo:** "...y las papas se encontrarán sembradas por los campos".

*"Vengan a mí todos los que están fatigados y agobiados, y yo los aliviaré. Carguen con mi yugo y aprendan de mí, que soy sencillo y humilde de corazón, y encontrarán descanso para sus vidas. Porque mi yugo es suave y mi carga ligera"* (Mateo 11:28-30).

*"Porque estoy seguro de que ni muerte, ni vida, ni ángeles, ni otras fuerzas sobrenaturales, ni lo presente, ni el futuro, ni poderes de cualquier clase, ni lo de arriba, ni lo de abajo, ni cualquier otra criatura podrá separarnos del amor de Dios manifestado en Cristo Jesús, Señor nuestro"* (Romanos 8:38-39).

**Reflexión:** Sembrar papas es un trabajo Agotador, en los días antes de la mecanización, uno tenía que plantar cada papa una a la vez – no es una tarea simple. Para nosotros que no somos Agricultores, todos enfrentamos otras dificultades. Quizás es el trafico de la mañana, el proyecto que nunca termina, saldar nuestras deudas, o hacer frente a las dificultades de la vida en general.

Con Dios presente a nuestro lado, todos estas cargas pueden ser aliviadas- pero no quitadas del camino. Cuando nos damos cuenta que nosotros no estamos solos, cuando reconocemos que hay cosas que no podemos controlar o cuando la vida parece terriblemente dura, nosotros podemos siempre buscar a Dios y compartir las luchas con él. Dándonos cuenta que nosotros no debemos andar solos que tenemos la ayuda de otros y de Dios, cosas maravillosas pueden ser realizadas con mucha menos ansiedad.

- ¿Cuando he experimentado la ayuda de Dios o de otros para

aliviar mi carga?
- ¿Como he asistido a otros en sus tareas?
- ¿Cuando fui exitoso a través de la ayuda de Dios?

# Día 18:
# Su Estímulo Suave

**María dijo:** "¿Hacen ustedes bien la oración, hijos mios? ¡Casi nunca, Señora!" confiesan los dos pastores".

*"Jesús se levantó y le preguntó (la mujer esta punto de ser la pieada): '¿Donde estas? ¿Ninguno de ellos se ha atrevido a condenarte?' Ella le contestó: 'Ninguno, Señor'. Entonces Jesús añadió: 'Tampoco yo te condeno. Puedes irte, pero no vuelvas a pecar'" (Juan 8:10-11).*

*"Pidan y Dios les dará, busquen y encontrarán, llamen y Dios les abrirá" (Mateo 7:7).*

*"Tres días después, hubo una boda en Caná de Galilea. La madre de Jesús estaba invitada. Tambien lo estaban Jesús y sus discípulos. Se les acabó el vino, y entonces la madre de Jesús le dijo: 'No les queda vino'" (Juan 2:1-3).*

**Reflexión:** María ha frecuentemente ayudado a otros en su vida, como madre, un inventor, una sierva dispuesta o un testigo triste de la crucifixión. En la iglesia, orar por la intersección de María es común, el *Ave María*, El Rosario, un *Ave, Reyna Santa* o una miríada de una oración tradicional.

La humilde y gentil presencia de María, nos anima expresar a Dios lo que nos está preocupando. Ella apareció en La Salette como una madre cuidadosa y amorosa con sus hijos. Cuando ella hablo a los hijos sobre la oración, ella no se sorprendió por la falta de oración. Ella no reprende o regaña, ella no hace juicios. Ella simplemente invita. " Decid un *Padre Nuestro* y un *Ave María*". Estas dos oraciones nos recuerdan lo básico de las relaciones con Dios y con ella misma.

- ¿Gentilmente animo a otros a ser mejor a través de mi palabra y ejemplo?
- ¿Puedo yo pacientemente acompañar a otros mientras gradualmente crecen y cambian?

# Día 19: Orando Bien

**María dijo:** "Ah! Hijos mios, deben haceria bien, por la noche y la mañana... Cuando puedan hacer algo mejor, recen más".

*"(Jesús) les contesto: 'Esta clase de demonios no puede ser expulsado sino con la oración'" (Marco 9:29).*

*"(Jesús) después avanzo un poco más, cayó rostro en tierra y suplicaba así: 'Padre mío, si es posible, aleja de mi este cáliz de amargura; pero no se haga como yo quiero, sino como quieres tú'. Regresó junto a los discípulos y los encontró dormidos" (Mateo 26:39-40a).*

**Reflexión:** Orar Mañana y noche es una parte tradicional de la espiritualidad Cristina. Muchos de nosotros crecimos orando en la mañana y en las noches y quizás antes de las comidas. Otros han encontrado tiempo para orar en la hora de Liturgia, a participar en la Eucaristía diaria o ajustar su horario para leer las escrituras u otra literatura Cristiana. Encontrar tiempo para Dios en nuestro día es crucial para cada uno de nosotros.

La oración de la mañana nos permite comenzar bien el día, poniendo todo en las manos de Dios. Nosotros no estamos solos cuando ofrecemos a Dios todo lo que vendrá en nuestro camino y creer que Dios nos va ayudar en todas estas cosas. La oración de la noche es tiempo de agradecer a Dios por bendecir nuestro día, al recordar la acción de Dios en las actividades del día.

Orar bien puede ser breve. Es el tiempo de simplemente enfocarnos en nuestra relación con Dios.

- ¿Permito que Dios conozca que está pasando en mi vida y como necesito su asistencia.?
- ¿Estoy en conocimiento que cada día de lo que Dios ha hecho por mi? ¿Noto la presencia de Dios?

# Día 20:
# Distintivos Católicos

**María dijo:** "...solo nan algunas mujeres ancianas a Misa... En Cuaresma, van a la carniceria, como los perros".

*"El primer día de la fiesta de los panes sin levadura, cuando se sacrificaba el cordero pascual, sus discípulos preguntaron a Jesús: '¿Donde quieres que vayamos a prepararte la cena de pascua?'" (Marcos 14:12).*

*"Los (primeros cristianos) que habían sido bautizados se dedicaban con perseverancia a escuchar la enseñanza de los apóstoles, vivian unidos y participaban en la fracción del pan y en las oraciones" (Hechos 2:42).*

**Reflexión:** No comer carne los viernes, ir a misa en Domingo, las disciplinas de la cuaresmo son el sello distintivo de ser Católicos. Comidas Kosher y comidas sacramentales son básicas en la fe Judía. Orar 6 veces al día al este, es esencial del Islam. Templanza es una cualidad que define la realidad de los Bautistas. Todo esto pareciera ser las acciones más críticas en la vida pero hay muchas maneras en las que podemos estar en contacto con la iglesia y con nuestra fe.

Cuando María subraya estas actividades tan importantes ella nos recuerda que ser católico es importante. Todos los rituales y tradiciones son parte y parcela de los que nosotros somos como miembros de la familia de Dios. Ello evidencia ante otros nuestra real identidad; ellas son señales de nuestro pacto con Dios a través de la fe.

- ¿Como trato a las personas que vienen a la Iglesia solo en navidad y en Semana Santa o en miércoles de cenizas y domingo de palmas?
- ¿Me Bendigo al entrar a la iglesia? Cargo una medalla o tengo una imagen católica en mi hogar?

# Día 21:
# Eucaristía Dominical

**María dijo:** "En el invierno, cuando ellos no saben qué hacer, ellos van a misa solo para hacer una diversión de la religión".

*"Durante (Jesus y sus discipulos) la cena, Jesús tomó el pan, pronunció la bendición, lo partió, lo dio a sus discípulos y dijo: 'Tomen, esto que es mi cuerpo'. Tomen luego un cáliz, pronició la acción de gracias, lo dio a sus discípulos y bebieron todos de él. Y les dijo: 'Esta es mi sangre, la sangre de la alianza derramada por todos'"(Marcos 14:22-24).*

*"...Cuando (Jesús) estaba sentado en la mesa con ellos, tomó el pan, lo bendijo, lo partió y lo dio a ellos. Entonces se les abrieron los ojos y lo reconocieron, pero Jesús desapareció de su lado." (Lucas 24:30-31).*

**Reflexión:** El Domingo de Eucaristía es la central celebración de la Iglesia. "Tomar parte en sacrifico eucarístico, que es la fuente y cumbre de la vida cristiana. Los Católicos ofrecen a la victima divina de Dios y se ofrecen a sí mismos junto con él. (*Lumen Gentium*, 11). Jesús nos alimenta con su cuerpo y sangre y nos une a todos con él y con el otro. La Eucaristía es la renovación de nuestro pacto con Dios y la renovación de nuestra fe.

La última conversión es para conocer cuánto necesitamos a Dios en nuestras vidas. La máxima expresión de esta experiencia en Domingo de Eucaristía cuando nos reunimos como iglesia a través del mundo y nos encontramos con el amor de Dios y construimos la unidad que estamos llamados a hacer con él y con cada uno de nosotros.

- ¿Como es la Eucaristía una fuente de vida para mi ¿cómo puede ser una fuente para otros?
- ¿Como puedo tomar parte más activa en nuestra celebración de la Eucaristía?
- ¿Cuando fue la última vez que invite a alguien a compartir nuestro culto del Domingo?

# Día 22:
# El ayuno y la abstinencia

**María dijo:** "...En Cuaresma..."

*"Entonces el Espíritu condujo a Jesús al desierto, para que el diablo lo pusiera a prueba. Después de ayunar cuarenta días y cuarenta noches, sintió hambre"* (Mateo 4:1-2).

*"Tu, cuando ayunes, perfúmate la cabeza y lávate la cara, de modo que nadie note tu ayuno, sino tu Padre, que está en lo escondido. Y tu Padre, que ve hasta lo más escondido, te recompensará"* (Mateo 6:17-18).

*"Había también una profetisa, Ana... que era ya muy anciana. Había estado casada siete años, siendo aún muy joven, y después había permanecido viuda hasta los ochenta y cuatro años. No se apartaba del templo, dando culto al Señor día y noche con ayunos y oraciones."* (Lucas 2:36-37).

**Reflexión:** La tradicional disciplina de la Cuaresma, los viernes de ayuno y abstenerse siempre, tenía la intensión de ayudarnos a enfocarnos en la bondad de Dios. Ayuno como tal es una mera dieta que nos lleva más allá de nosotros. Creando un ritmo en el ayuno y la abstinencia, nosotros somos capaces de ver que la cosecha es uno de los regalos de Dios para nosotros y no producto de nuestra propia creación.

La conciencia de los regalos de Dios y sus bendiciones es algo para ser renovado a través de nuestros días. El hambre nos ayuda a enfocarnos en el regalo de la comida. Nosotros podemos permitir que el hambre en la vida de varios nos conduzca a apreciar los muchos dones que tenemos. El dicho "la ausencia hace crecer el cariño", nos ensena el amor más profundo, a ver claramente y a valorar lo que es realmente importante.

- ¿Como esta Dios obrando en mi vida?
- ¿He aprendido a apreciar algo mas, porque ocasionalmente me he abstenido de ello?
- ¿Que valores son más importantes para mí?

# Dia 23:
## Los pequeños detalles

**María dijo:** "¿No han visto nunca trigo arruinado, hijos míos? ... 'Oh sí, Señora", responde Maximin, "ahora me acuerdo, Hace un rato no me accordaba".

*"¿No se vende un par de pájaros por muy poco dinero? Y sin embargo ni uno de ellos cae en tierra sin que lo permita el Padre. En cuanto a ustedes, hasta los cabellos de sus cabeza están contados"* (Mateo 10:29-30).

**Reflexión:** El señor escucha el llanto de los pobres este es un refrán constante en la historia de la salvación. Cuando nosotros oramos, el señor nos escucha y nos responde. Dios cuida de cada detalle de nuestras vidas y no solamente los grandes eventos. Frecuentemente nos abstenemos de orar a dios hasta que realmente lo necesitamos. Muchos católicos parecen pensar que Dios tiene muchas cosas más importantes que hacer que preocuparse por los detalles de nuestras vidas.

Las actividades de Dios a través de las escrituras, especialmente en la vida de Cristo, nos muestran cuán profundamente el señor nos ama y cuida de nuestras preocupaciones. Cuando cualquiera diga sus necesidades al Señor en sus oraciones, Jesús se tomara el tiempo para responder. En la última cena en el evangelio de Juan es el paradigma de esta, como reza por los discípulos para nosotros y para el mundo. El realmente se preocupa.

- ¿Me tomo el tiempo en mis oraciones para compartir un poco las cosas de mi día, especialmente cuando necesito ayuda o quiero expresarle a Dios mi agradecimiento por sus regalos?
- ¿He escuchado el llanto del pobre alrededor de mi y trato de responder a él en su necesidad?
- ¿Creo que Dios cuida los pequeños detalles? ¿me preocupo por los otros con similar actitud?

# Día 24:
# Conversión de un padre

**María dijo:** "...tu padre te dio un pedazo de pan diciendo: 'Toma, hijo mio, come pan este año porque no se quien podrá comer el año que viene si el trigo sigue así'".

*"Muchos de los habitantes de aquel pueblo creyeron en Jesús por el testimonio de la samaritana, que atestiguaba: 'Me ha dicho todo lo que he hecho'... Al oírle personalmente, fueron muchos más los que creyeron en él; de modo que decían a la mujer: 'Ya no creemos en él por lo que tú nos dijiste, sino porque nosotros mismos le hemos oído y estamos convencidos de que él es verdaderamente el Salvador del mundo'"* (Juan 4:39,41-42).

*"Jesús le dijo (a Tomas): '¿Has creído porque me has visto? Dichosos los que han creído sin haber visto'"* (Juan 20:29).

**Reflexión:** El padre de Maximin estaba escéptico de la historia de su hijo hasta que Maximin le relato como María lo menciono, al recordar el evento de la granja cerca del campo de la moneda. Dándose cuenta que Dios cuida de su vida también, el padre de Maximin vino a creer en su mensaje.

Para muchos de nosotros que crecimos en el cristianismo, nuestra fe fue probablemente pasada a nosotros por nuestros padres. Por aquellos que vinieron a la fe tarde en la vida, nosotros aprendimos de la fe a través de alguien más. Pero crucialmente, en algún punto, nosotros hicimos la fe nuestra creyendo en el testimonio de los otros y vinimos a aceptar a Cristo como nuestro señor y salvador: el murió por mi.

- ¿Donde y cuando mi viaje a la fe comenzó?
- ¿He dado a otros testimonio de mi fe, que les haga creer? ¿A quiénes?
- ¿Como yo testifico la verdad por la calidad de mi vida cristiana? ¿Como puedo yo mejorar en esta área?

# Día 25:
# Hacer que el mensaje conocido

**María dijo:** "Bueno, hijos míos, se lo dirán a todo mi pueblo".

*"El Señor siguió diciendo (a Moises): ';He visto la opresión de mi pueblo en Egipto, he oído el clamor que le arrancan sus opresores y conozco sus angustias!... Ve, pues; yo te envio al faraón para que saques de Egipto a mi pueblo, a los israelitas'"* (Éxodo 3:7,10).

*"Entonces oí la voz del Señor, que decía: '¿A quién enviaré? ¿quién irá por nosotros?' (Isaías) respondí: 'Aquí estoy yo, envíame'"* (Isaías 6:8).

**Reflexión:** El envío de Moisés, el llamado a los Profetas y Apóstoles, la elección de los jueces y los reyes son todas invitaciones de Dios para hacer su mensaje conocido. La última expresión de esto es en Jesús, la palabra se hizo carne. El mensaje ha sido manejado hacia nosotros y nuestros familiares, en nuestras iglesias, en nuestras calles y esquinas, y a través de las acciones de otros.

Todos nosotros heredamos la vocación de construir la Iglesia y proclamar la palabra en virtud del bautismo. Nosotros fuimos ungidos como sacerdotes (que vive de la palabra de nuestra vida y la enseñanza) y reyes (pueblo responsable por el reino).

- ¿Como yo difundo la buena noticia de Jesús Cristo a los otros?
- ¿Me siento llamado a dar testimonio de mi fe?
- ¿Soy capaz de construir el reunió de Dios alrededor mío ¿Como hago esto hoy día?

# Dia 26:
# Difundiendo el mensaje

**María dijo:** "Animo, hijos míos, díganselo a todo mi pueblo".

"...el Señor Jesús fue elevado al cielo y se sentó a la derecha de Dios. Ellos (los discipulos) salieron a predicar por todas partes, el Señor los asistía y confirmaba la palabra acompañándola con señales" (Marcos 16:19-20).

"Antes de formarte en el vientre, te conocí, antes que saliera del seno te consagre, te constituí profeta de las naciones... porque irás adonde yo te envié y dirás todo lo que yo te ordene."(Jeremías 1:5,7b).

**Reflexión:** El mensaje de La Salette es sobre regresar a Dios y darle a él su lugar en nuestra vida y en nuestro mundo. El mensaje expresa una verdad básica de la vida; es decir, verdadera asociación con Dios, podemos hacer su voluntad. Por otra parte, Dios está siempre presente para mostrarnos el camino y ayudarnos en nuestro propio viaje.

Maximin y Melanie comenzaron una nueva vida en ese fatídico día en La Salette. A partir de entonces su relación con los otros cambio, así como su actitud hacia aquellos a los que se encontrarían. Ellos no fueron simplemente pastores de vacas, Ahora ellos eran fieles testigos que proclamaban su mensaje el cual ellos al principio no comprendían completamente, pero difundir el mensaje de María podría ahora ser la misión de sus vidas.

- ¿Como he sido afectado por el mensaje de María en La Salette?
- ¿Necesito todavía la conversión en mi vida?
- ¿Cuan capaz soy de proclamar lo que he oído y creo es valioso para mí?

# Dia 27:
# La Reconciliación con Dios

**Pablo dijo:** "Dios el que reconciliaba consigo al mundo en Cristo... y confiándonos el mensaje de la reconciliation..." (2 Corintios 5:19).

*"Jesús le respondió (a Tomas): 'Yo soy el camino, la verdad y la vida. Nadie puede llegar hasta el Padre, si no por mí, Si me conocieran, conocerían también a mi Padre. Desde ahora lo conocen, pues ya lo han visto'" (Juan 14:6-7).*

*"Yo soy la vid, y ustedes las ramas. El que permanece unido a mí, como yo estoy unido a él, producirá mucho fruto; porque sin mí no pueden hacer nada" (Juan 15:5).*

**Reflexión:** Jesús vino a reconciliarnos con el Padre poniéndole final al pecado de Adán: El pecado de la rebelión, de separación, de abandonar a Dios y convertirse en autosuficiente. El nos demostró que creer en Dios no nos limita, más bien nos libera de los grilletes de la alienación. Su hijo vino a ayudarnos aprender y dejar ir nuestros pecados y adoptar una nueva forma de vida.

El es "la vía, la verdad y la vida". Siguiendo sus pasos nosotros somos libres de entregarnos a Dios y permitir que el amor de Dios impregne nuestras vidas. La imagen del vino y las ramas son ecos del poder que esta unidad con el señor nos trae a nuestra vida y a nuestro mundo. Dios nos reconcilia con nosotros mismos porque él nos ama tanto que el quiere que estemos cada vez más cerca de él.

- ¿Creo que los valora el tesoro que soy y espero siempre estar cerca de el?
- ¿Como es el poder de Dios, su presencia y su gracias en mi vida diaria?

# Dia 28:
# Reconciliando las relaciones

**Pablo Dijo:** *"Somos pues embajadores de Cristo, y es como si Dios mismo los exhortara por medio de nosotros. En nombre de Cristo, les suplicamos que se dejen reconciliar con Dios". (2 Corintios 5:20).*

*"Surgió entre los discípulos una discusión sobre quién sería el más importante. Jesús, al darse cuenta de la discusión, tomó a un niño, lo puso a su lado y les dijo: 'El que recibe a este niño en mi nombre, a mí me recibe; y el que me recibe a mí, recibe al que me ha enviado, porque el más pequeño entre ustedes es el más importante" (Lucas 9:46-47).*

**Reflexión:** Jesús al final oro por sus discípulos, por su iglesia y por el mundo para que todos seamos uno como él y su Padre son uno. Reconciliación es no solo sobre la relación de Dios y nosotros, sino también debe fluir a otras relaciones. Juan en sus cartas nos recuerda que si nosotros decimos que amamos a Dios y odiamos a nuestros vecinos, entonces nosotros somos unos mentirosos. El amor de Dios es el que nosotros debemos manifestar a sí mismo y en todas nuestras relaciones.

El esfuerzo de la unidad no siempre es fácil, hay momentos, que es realmente un reto. La disciplina nos lleva a pequeñas rivalidades y disputas para separarnos de ellos. LA Iglesia está marcada por un compromiso de amor y unidad. Nuestro rol en la familia Cristiana es de ser embajadores: personas tan llenas de espíritu que sin vacilar damos testimonio de su verdad con nuestras palabras y acciones.

- ¿Como soy yo un embajador para Cristo en mi vida diaria? ¿Qué verdad de Cristo resplandece de mi para que todos la vean?
- ¿Cuáles son las divisiones, hostilidades, o estados de ánimos que todavía controlan mi vida?
- ¿Donde puedo traer paz a mi mundo?

# Dia 29: Sabiduría

**Isaías Dijo**: *"Porque mis planes no son tus planes, ni tus caminos son mis caminos" (2 Isaías 55:8).*

*"Sin embargo, las almas de los justos están en manos de Dios, y ningún tormento los alcanzara. Los necios piensan que los justos están muertos, su final les parece una desgracia, y su salida entre nosotros, un desastre; por ellos están en paz" (Sabiduría 3:1-3).*

**Reflexión:** La última sabiduría es la compresión del misterio de Pascual, que la propia muerte y resurrección de Cristo se aplica en cada uno de nosotros. Nosotros recibimos la promesa del Señor, que un día nosotros moriremos y subiremos a los cielos a una nueva vida. Dios tiene el poder sobre la vida y la muerte. Nosotros debemos entregarle nuestra vida en sus manos. Así como Cristo tomo el riesgo de convertirse en carne, para predicar una palabra desafiante y aceptar incluso la muerte en la cruz, nosotros también debemos arriesgar vidas valientes llenas de fe viva.

La primera línea del Decálogo de los diez mandamientos, es el más esencial: el Señor es Dios. El nos salva. Como hijos de Dios, nuestra salvación es el regalo de Dios. La sabiduría del Señor es reconocer que los pensamientos de Dios no son nuestros pensamientos. "Porque sus planes no son mis planes, ni sus caminos son mis caminos" (Isaías 55:8).

- ¿Como los pensamientos de Dios son diferentes de los míos?
- ¿Que necesito dejar atrás para tener espacio para aceptar los regalos de Dios?
- ¿Quien me gusta que ahora este con Dios?

# Dia 30:
# El pecado del mundo

**Juan el Bautista Dijo**: *"Este es el cordero de Dios que quita el pecado del mundo"* (*Juan 1:29*).

*"Al ver el Señor que crecía en la tierra la maldad del hombre y que todos sus proyectos tendían siempre al mal, se arrepintió de haberlo puesto sobre la tierra. Y, profundamente afligido dijo: 'Borraré de la superficie de la tierra a los hombres que he creado..." (Génesis 6:5-7a).*

*"Y dio aquel lugar el nombre de Masá – es decir, Prueba – y Meribá – es decir, Pleito –, porque los israelitas habían puesto a prueba al Señor, y habían entablado pleito contra él, diciendo: '¿Esta el Señor con nosotros o no?'" (Éxodo 17:7).*

**Reflexión:** El pecado entro al mundo por el intento de la humanidad de ser igual a Dios. El libro del Génesis refleja dentro de su realidad en su decepción de la primera tentación (Adam y Eva). A través de la historia de la salvación el pueblo de Israel se rebelaría contra Dios y no seguiría sus pasos ya que ellos adoptaron otros Dioses y formaron alianzas con una nación impía. El libro de José muestra como, con la ayuda de Dios, la Nación es rescatada.

El "pecado del mundo" atenta con mantener a Dios fuera de nuestras vidas, es uno de los demonios que María se dirigió en La Salette. El mismo pecado prevalece ciertamente en nuestro mundo de hoy.

- ¿Conozco a alguien que no tiene lugar para Dios en su vida? Puedo ayudarlo?
- ¿Quiero el control de la vida de cualquiera o permito que Dios se quede a cargo?
- ¿Mi oración diaria incluye preocupación por aquellos que no se han reconciliado con Dios todavía?

# Dia 31: Gratitud

**En la historia de La Salette** nosotros escuchamos que en la noche luego de la aparición, los hijos retornaron a casa y hablaron sobre lo que ellos habían visto y oído.

*"Entonces María se presento con un frasco de perfume muy caro, casi medio litro de nardo puro, y ungió con él los pies de Jesús; después los secó con sus cabellos. La casa se llenó con la fragancia del perfume"* (Juan 12:3).

*"Y (los discipulos en Emmaus) se dijeron uno a otro: '¿No ardía nuestro corazón mientras nos hablaba en el camino y nos explicaba las scrituras?'"* (Lucas 24:32).

*"Canten al Señor un canto nuevo, porque ha hecho maravillas; su mano le ha dado la victoria, su santo brazo"* (Salmos 98:1).

**Reflexión:** La aparición que Maximin y Melanie experimentaron les cambio la trama de sus vidas. Ellos luego necesitaron proclamar lo que ellos habían visto y oído. Notablemente recordaban la cantidad de detalles del mensaje aunque tenían dificultad para comprender la profundidad del significado del mensaje y sus implicaciones.

La alegría de ese breve encuentro con María en el tope de la montaña lleno cada día de sus vidas y los condujo a ellos a ser firmes al enfrentar la desconfianza y la oposición. Ellos fueron realmente bendecidos y nada los detendría para compartir el mensaje de la hermosa dama.

Ellos fueron mas que mensajeros, ya que ellos también cambiaron su propia relación con Dios y la Iglesia. Ellos pronto retornaron a la Eucaristía, comenzaron a orar diariamente y lo harían sin miedo confrontando a las críticas y a sus detractores.

- ¿Como demuestro mi gratitud a Dios por todas las cosas que él me ha dado?
- ¿Como proclamo su entusiasmo?

# Día 32:
# Dios es la Fuente
# y el principio de todas las cosas

**Escrituras:** Juan, el evangelista describe cómo Dios es el origen de la vida, la felicidad y el amor: "*Yo soy la vid, vosotros los sarmientos; el que permanece en mí y yo en él, ése da mucho fruto, porque separados de mí nada podéis hacer. Si alguno no permanece en mí, es echado fuera como un sarmiento y se seca; y los recogen, los echan al fuego y se queman. Si permanecéis en mí, y mis palabras permanecen en vosotros, pedid lo que queráis y os será hecho... Estas cosas os he hablado, para que mi gozo esté en vosotros, y vuestro gozo sea perfecto. Este es mi mandamiento: que os améis los unos a los otros, así como yo os he amado*" (Juan 15: 5-7,11-12).

**Reflexión:** Como seguidores de Jesús, se nos han dado imágenes de la vida que disfrutamos. Juan describe nuestra vida de fe como esencialmente una sola actividad y es ésta, que rindamos frutos. Como personas conectadas y que comparten el carisma de reconciliación de los misioneros de La Salette se nos ha otorgado un carisma por la misma María de que su mensaje de reconciliación sea dado a conocer a todas las personas. San Pablo nos recuerda: "*Y todo* *esto procede de Dios, quien nos reconcilió consigo mismo por medio de Cristo, y nos dio el ministerio de la reconciliación; a saber, que Dios estaba en Cristo reconciliando al mundo consigo mismo, no tomando en cuenta a los hombres sus transgresiones, y nos ha encomendado a nosotros la palabra de la reconciliación*" (2 Corintios 5:18-19).

Nuestra vocación no es tan solo *mantener nuestra fe*, si no hay que también *transmitirla* a nuestra vida diaria en la medida que vamos caminando juntos siguiendo las huellas de Jesús de regreso al Padre. Estamos llamados a una vida plena y activa llena de amor y servicio.

- ¿Estás consciente tanto de tus debilidades como de la fortaleza de Dios en tu vida?
- ¿Cuándo el Señor ha tomado tu frágil ser para hacerlo más fuerte?
- ¿Dónde y con quién has sentido el llamado a trabajar en el ministerio de la reconciliación?

# Día 33:
# Jesucristo debe ser el poder de nuestra vida

**Escrituras:** San Pablo habla elocuentemente de cómo Jesús es el centro de su vida: "*Pero jamás acontezca que yo me gloríe, sino en la cruz de nuestro Señor Jesucristo, por el cual el mundo ha sido crucificado para mí y yo para el mundo. Porque ni la circuncisión es nada, sino una nueva creación. Y a los que anden conforme a esta regla, paz y misericordia sea sobre ellos y sobre el Israel de Dios. De aquí en adelante nadie me cause molestias, porque yo llevo en mi cuerpo las marcas de Jesús. Hermanos, la gracia de nuestro Señor Jesucristo sea con vuestro espíritu. Amén*" (Gálatas 6:14-18).

**Reflexión:** San Pablo en sus cartas ha expresado muy bien la verdad de que Jesús es verdaderamente el centro, el que dirige su vida. En la cita de su carta a los Gálatas, hoy Turquía norte central, él proclama la muerte de Jesús como "*una nueva creación*" completando la reconciliación de la humanidad a través de la muerte de Jesús en la Cruz, en reparación de nuestros pecados.

San Pablo menciona sus propios sufrimientos en sus extensos viajes para propagar el Evangelio los cuales en muchas ocasiones dejaron marcas en su cuerpo. Aun así, San Pablo expresa su sincera creencia de que él no hace alarde de sus cicatrices y sufrimientos pero sí de su completa dependencia en Cristo y el evento histórico del Calvario. Al cierre, se apresura a implicar en su bendición a los cristianos gálatas que él está finalmente reconciliado con ellos.

Nuestra Madre Llorosa, hablando con el espíritu de un profeta, expresó su dolor y decepción por nuestros pecados y la falta de atención al modo y el mensaje de su Hijo, Jesús.

"¡Hace tanto tiempo que sufro por ustedes! ...y ustedes no hacen caso." Todavía nos dijo estas palabras con la esperanza de que sus hijos pudieran convertirse y acercarse a su Hijo.

- ¿Cuándo el Señor guió tu camino o te ayudó a ti (o a algún miembro de la familia o amigo)?
- ¿Tienes alguna devoción o tiempo litúrgico o hábito de fe (el Rosario, el Vía Crucis, el ayuno, la Navidad, la Semana Santa) que te lleve a acercarte más al Señor?

# Día 34:
# Renueva la vocación de La Salette todos los días

**Escrituras:** El mensaje básico de Jesús es bien sencillo: "*Y Él le dijo: amarás al señor tu dios con todo tu corazón, y con toda tu alma, y con toda tu mente. Este es el grande y el primer mandamiento. Y el segundo es semejante a éste: amarás a tu prójimo como a ti mismo. De estos dos mandamientos dependen toda la ley y los profetas*" (Mateo 22:37-40).

**Reflexión:** El Papa Francisco al reunirse con un gran grupo de personas les dijo: "Los laicos están llamados a permear la familia, los trabajos y los ambientes sociales con valores cristianos mediante su testimonio y palabras y acercándose a personas en las situaciones concretas de sus vidas, de manera que puedan vivir *en plena dignidad* y puedan ser *alcanzados por la salvación de Cristo...*"

El Papa alienta a los que les escuchan a ser "laicos en las filas del frente, sintiéndose parte de la misión de la Iglesia" y "que vivan su secularidad dedicada a las realidades" del mundo. "De este modo pueden contribuir como levadura y poner el Espíritu del Evangelio en las heridas de la historia con el testimonio de la fe, esperanza y caridad."

"Los célibes y los casados, cada uno desde su propio estado, se encuentran y comparten una experiencia enriquecedora de complementariedad... Sean vigilantes de su peregrinaje espiritual y ayuden a los demás a practicar la caridad mutua, lo que significa vencer el egoísmo de manera que seamos verdaderos testigos del Evangelio," él dijo. (1)

Hoy y todos los días necesitamos escuchar el mensaje que Maximino y Melania escucharon hace mucho tiempo: "*Bueno, hijos míos, se lo dirán a todo mi pueblo.*" Es muy importante para nosotros explorar un entendimiento más profundo de lo que Dios espera de nosotros.

Papa Francisco en 2015: Casa Rosada

María simplemente nos invita a amar a Dios, orar diariamente y rendirle adoración regularmente. Estas prácticas junto con el servicio a los demás son la que nos llevan a mantener la vocación de La Salette. Ésta puede ser la diferencia de seguir nuestro camino o seguir la voluntad de Dios.

- ¿Cuán bien sigues las palabras y el ejemplo de María en La Salette?

# Día 35:
# Buscar reconciliarme conmigo mismo, aceptándome como yo soy

**Escrituras:** Aún Pablo el gran apóstol de los Gentiles tenía conflictos consigo mismo. En muchos de sus momentos de auto reflexión el compartía: "*Y dada la extraordinaria grandeza de las revelaciones, por esta razón, para impedir que me enalteciera, me fue dada una espina en la carne… que me abofetee, para que no me enaltezca. Acerca de esto, tres veces he rogado al Señor para que lo quitara de mí. Y Él me ha dicho: Te basta mi gracia, pues mi poder se perfecciona en la debilidad. Por tanto, muy gustosamente me gloriaré más bien en mis debilidades, para que el poder de Cristo more en mí. Por eso me complazco en las debilidades, en insultos, en privaciones, en persecuciones y en angustias por amor a Cristo; porque cuando soy débil, entonces soy fuerte*" (2 Corintios 12:7,8b-10).

**Reflexión:** La sabiduría que San Pablo personalmente comparte con nosotros es que nuestra vida no debe ser una historia de tratar de " ser fuerte." Nos recuerda que Dios es nuestra fortaleza y que nos podemos regocijar de nuestra debilidad pues Cristo así puede mostrar cómo su gracia trabaja en nosotros.

Maya Angelou, la reconocida autora y poeta escribió sobre cómo debemos perdonarnos a nosotros mismos y aceptarnos como somos: "… Es muy importante para cada ser humano perdonarse a sí mismo porque si estás vivo cometerás errores – es inevitable. Pero una vez… veas el error, entonces perdónate y dite a ti mismo: 'Bien si hubiera sabido, hubiera podido hacerlo mejor', eso es todo. Es muy importante que le digas a cada persona que piensas puedas haber ofendido, 'Lo siento' y que te digas a ti mismo, 'Lo siento'…puedes pedir el perdón a los demás pero al final el verdadero perdón es el que te das a ti mismo…" (2)

Maximino y Melania los dos niños que fueron testigos de la Aparición de La Salette tuvieron problemas enfrentándose al ojo público. También tuvieron dificultades aceptándose a ellos mismos por ser quienes eran. Sin embargo, hicieron su parte en dar a conocer el mensaje de María. Por lo que estaremos eternamente agradecidos.

- ¿Cómo te amas a ti mismo; esto es, cuidándote, disfrutando la vida y amando los demás?
- ¿Qué palabras de elogio le ofreces a los miembros de tu familia para que se acepten tal como son?

# Día 36:
# El mundo necesita tu regalo de Reconciliación

**Escrituras:** Necesitamos tener una fe activa y vibrante que llegue a los más necesitados. Si hay alguna duda de esto, escuchen al rey en el pasaje del Juicio Final: (en respuesta a la pregunta del rey, aquellos a su izquierda y dijo): *"Señor, ¿cuándo te vimos hambriento, o sediento, o como forastero, o desnudo, o enfermo, o en la cárcel, y no te servimos?" El (el rey) entonces les responderá, diciendo: "En verdad os digo que en cuanto no lo hicisteis a uno de los más pequeños de éstos, tampoco a mí lo hicisteis"* (Mateo 25:44-45).

**Reflexión:** El Papa Francisco al pronunciarse el 8 de mayo de 2013 dijo: "No olvidemos que la verdadera fuerza, en cualquier nivel, es el servicio y que su cumbre luminosa radica en la Cruz."

Con gran sabiduría, Benedicto XVI, le recordaba muchas veces a la Iglesia que para los humanos, frecuentemente la autoridad es sinónimo de posesión, dominio y éxito. Pero para Dios, la autoridad es siempre sinónimo de servicio, humildad y amor. Significa entrar en la lógica de Jesús, quien se agachó a lavarle los pies a sus apóstoles y quien le dijo a sus discípulos: *"Pero Jesús, llamándolos junto a sí, dijo: Sabéis que los gobernantes de los gentiles se enseñorean de ellos, y que los grandes ejercen autoridad sobre ellos. No ha de ser así entre vosotros, sino que el que quiera entre vosotros llegar a ser grande, será vuestro servidor, y el que quiera entre vosotros ser el primero, será vuestro siervo"* (Mateo 20:25-27).

Servir a otros te permite unir tu corazón con los demás.

- ¿Qué puedes hacer hoy para testimoniar la reconciliación con las personas que te encuentras?
- ¿Cómo has mostrado últimamente tu amor y tu preocupación

por perdonar a los demás?
- ¿Quién recientemente te ha mostrado su hospitalidad, aceptación y amor?

## Día 37: Haz de la unidad mi mayor regalo

**Escrituras:** El llamado de San Pablo a trabajar por la unidad es claro y directo: *"Yo, pues, prisionero del Señor, os ruego que viváis de una manera digna de la vocación con que habéis sido llamados, con toda humildad y mansedumbre, con paciencia, soportándoos unos a otros en amor, esforzándoos por preservar la unidad del Espíritu en el vínculo de la paz. Hay un solo cuerpo y un solo Espíritu, así como también vosotros fuisteis llamados en una misma esperanza de vuestra vocación; un solo Señor, una sola fe, un solo bautismo, un solo Dios y Padre de todos, que está sobre todos, por todos y en todos"* (Efesios 4:1-6).

**Reflexión:** La Regla de Vida de los Misioneros de Nuestra Señora de La Salette describe bien cómo nuestra unidad como laicos de La Salette puede ser expresada: *"Unidos por el bautismo,... por nuestra veneración por María, Reconciliadora de los pecadores, y por la misión de nuestra Congregación, como comunidad somos para el mundo testigos de la presencia de Dios entre nosotros y del poder del evangelio de reunir, en una comunión fraterna, a hombres de toda lengua, raza y nación. Con un verdadero espíritu de caridad, cada miembro es responsable de la vitalidad de su comunidad y cada uno realizará su desarrollo personal participando activamente en los esfuerzos de todos por crear un clima de verdad, confianza y cordialidad"* (#15-16).

Por lo tanto, nuestro estilo de vida y relaciones expresan abiertamente nuestro atesorado valor de unidad y solidaridad. Lo hacemos siendo apoyo con los que vivimos compartiendo nuestros dones y poniéndolos al servicio de los demás sin preocuparnos por la recompensa porque Dios conoce nuestros más íntimos pensamientos (ver Salmo 139:1-3).

Y nuestra persistente y más sentida solidaridad con los demás nos ayuda a estar listos para ser apoyo en el sufrimiento del otro o quizás más aún, contribuir a disminuirlo.

- ¿Quién entre tu familia y amistades consideras un buscador de paz (pacifista)?
- ¿A quién conoces que tiene el talento de convocar las personas para que disfruten los unos con los otros?
- ¿Cuándo regularmente te reúnes con tu familia y amistades?

# Día 38:
# Ser compasivo con todos

**Escrituras:** Jesús mostró su compasión innata por quienes lo siguen: *"Y al desembarcar, vio una gran multitud, y tuvo compasión de ellos y sanó a sus enfermos... tomó los cinco panes y los dos peces, y levantando los ojos al cielo, bendijo los alimentos, y partiendo los panes, se los dio a los discípulos y los discípulos a la multitud. Y comieron todos y se saciaron. Y recogieron lo que sobró de los pedazos: doce cestas llenas"* (Mateo 14:14,19b-20).

**Reflexión:** Relacionado a la multiplicación de los panes y los peces Papa Francisco expresó: "El Señor sale a satisfacer las necesidades de los hombres y mujeres y desea que cada uno de nosotros participe de manera concreta de su compasión... Mientras somos nutridos por Cristo, la Eucaristía que celebramos nos transforma poco a poco en el cuerpo de Cristo y en alimento espiritual para nuestros hermanos y hermanas.

"El milagro de los panes y los peces enfatizó Papa Francisco es un recordatorio de la doble misión de la Iglesia de 'alimentar las personas y mantenerlas unidas; lo cual es estar al servicio de la vida y la comunión.'

Cristo alimentando a la multitud de Gustave Doré (1832-1888)

"Los cristianos, apuntó son llamados a ser 'el signo visible de la Misericordia de Dios, quien no quiere abandonar a nadie que esté en soledad y necesidad.' Nosotros los creyentes que recibimos este pan, estamos obligados por El a llevar este servicio a otros con la misma compasión que Jesús lo hace. Esta es la ruta, " dijo el Papa. (3)

María en La Salette mostró compasión por los dos niños invitándolos: *"Acérquense, hijos míos, no tengan miedo,"* Ella también entendió la necesidad de los niños de escuchar su mensaje en su propio dialecto. Todo su modo fue compasivo.

- ¿Cuáles son los momentos de la vida de Jesús donde El expresó compasión y misericordia con las personas?
- ¿Cómo tu parroquia (o tu familia) responden con compasión para los más necesitados?

## Día 39:
## Tener fe y confianza en mí y en los demás

**Escrituras:** El autor de los hebreos nos recuerda: *"Ahora bien, la fe es la certeza de lo que se espera, la convicción de lo que no se ve. Porque por ella recibieron aprobación los antiguos...Por la fe Abraham, al ser llamado, obedeció, saliendo para un lugar que había de recibir como herencia; y salió sin saber adónde iba. Por lo cual también nació de uno (y éste casi muerto con respecto a esto) una descendencia como las estrellas del cielo en número, e innumerable como la arena que está a la orilla del mar"* (Hebreos 11:1-2, 8,12).

**Reflexión:** Soren Kierkegaard, un filósofo del siglo XX en una ocasión describió la fe y la confianza como "un paso a lo desconocido." Con esto quería decir que no podemos ni imaginarlo ni buscarle la manera. Es simplemente más allá de lo que conocemos. La fe es un regalo de Dios. Nos dio el ejemplo heroico de Abraham con una gran fe dispuesto a ofrecer a su único hijo, Isaac. Abraham padeció algo inexplicablemente difícil pero debido a eso alcanzó algo grande. Creer y confiar en Dios – para Abraham y para nosotros – es un sacrificio, un abandonarse, es un verdadero paso a lo desconocido,

Para esto necesitamos estar abiertos a la gracia de Dios.

En La Salette esta confianza puede verse en la respuesta de los niños a la invitación de María *"Acérquense, hijos míos, no tengan miedo."* Su preocupación genuina por el bien de los niños fue expresada generosamente en los campos de Coin. Allí el papá de Maximino expresó su temor de que en el invierno no tuviera suficiente comida para alimentar su familia.

Al final, la visita de María a estos dos niños, los ayudó a creer lo que ella decía y a aceptar la misión de dar a conocer su mensaje y de ese modo convertirse en parte de la misión de Su Hijo en el mundo entero.

- ¿Cuándo eras niño, en quién confiabas?
- ¿Quién dentro de tu familia y amistades puedes describir como una persona de fe firme?
- ¿En quién has aprendido a poner tu confianza a través de toda tu vida?

# Día 40:
# Convertirse en una verdadera persona hospitalaria

**Escrituras:** De entrada ser hospitalario parece ser una virtud fácil, pero escuchemos la descripción de San Pablo de todas las cualidades que deben acompañarla: *"El amor sea sin hipocresía; aborreciendo lo malo, aplicándoos a lo bueno. Sed afectuosos unos con otros con amor fraternal; con honra, daos preferencia unos a otros; no seáis perezosos en lo que requiere diligencia; fervientes en espíritu, sirviendo al Señor, gozándoos en la esperanza, perseverando en el sufrimiento, dedicados a la oración, contribuyendo para las necesidades de los santos, practicando la hospitalidad"* (Romanos 12:9-13).

**Reflexión:** "Una vez un rabino le preguntó a sus estudiantes '¿Cuándo podemos saber que la noche ha terminado y el día ha comenzado?' 'Es el momento', sugirió un estudiante, 'cuándo podamos distinguir entre una oveja y un perro.' 'No', dijo el rabino. '¿Es esto', preguntó otro estudiante, cuándo podamos ver la diferencia entre un árbol de higo y uno de olivo?' 'No,' tampoco dijo el rabino. '¿Entonces, cuándo es?' preguntaron los estudiantes.

"Y el rabino contestó: 'Es el momento cuando puedas mirar a la cara de alguien que nunca has visto antes y reconocer a ese extraño como tu hermano y hermana. Hasta que esto no ocurra, no importa cuán brillante esté el día, todavía será de noche.'

"...Cuando conocemos extraños, nosotros... decidimos a quien acoger y a quien preferir mantener en la distancia, a quien ayudar y a quien ignorar. En resumidas cuentas, nos hemos convertido... 'en defensores comprometidos de la noche.'" (4)

Para ser hospitalario y una persona verdaderamente acogedora es necesario cultivar ciertas virtudes que fueron modeladas por Ntra. Sra. durante la aparición de La Salette.

• Como alguien que trata de escuchar y vivir el mensaje de La Salette, ¿haces los esfuerzos de mantener una mente y un corazón abiertos para amar a otros más profundamente en cada oportunidad? De hecho, una simple sonrisa puede ser para ti la mejor y más encantadora expresión de hospitalidad genuina.

# Día 41:
# Recuerda siempre el lugar de donde provienes

**Escrituras:** En el Antiguo Testamento tenemos la historia de Ruth, quien pertenecía a los Gentiles y al casarse se integra a una familia judía y entonces, uno a uno de los herederos varones muere por lo que legalmente se disuelve la conexión judía de familia. Una vez esto ocurre las otras mujeres judías consideran dispersarse y no tener nada más que ver con ella. Sin embargo, Ruth siendo de los Gentiles todavía se levanta y protesta con fuerza: *"No insistas que te deje o que deje de seguirte; porque adonde tú vayas, iré yo, y donde tú mores, moraré. Tu pueblo será mi pueblo, y tu Dios mi Dios. Donde tú mueras, allí moriré, y allí seré sepultada. Así haga el Señor conmigo, y aún peor, si algo, excepto la muerte, nos separa"* (Rut 1:16-17).

**Reflexión:** Cuando hablamos de "hogar" y "familia" podemos pensar primero en la conexión entre un niño al nacer y su familia. Sin embargo, en la vida de Ruth, ella realiza que el hogar y la familia son mucho más el cuerpo y sangre o la naturaleza humana. Más bien, tiene que ver con una cualidad difícil de describir de lo que es convertirse en familia o como la escritura lo describe, 'hesed' amabilidad amorosa y lealtad.

Además Ruth promete su disponibilidad a no solo abrazar a la familia a la que se integra al casarse si no también convertirse al judaísmo y permanecer con ellos hasta que eventualmente murieron. Las acciones de Ruth son actos amorosos que demostraban su deseo de ir más allá de las expectativas mínimas de la ley y escoger lo inesperado.

*Rut en el campo de Boaz* de Julius Schnorr von Carolsfeld (1794-1872)

La familia es más que meros lazos físicos. Esto también es cierto para todos los Hijos de Dios. Nuestra historia personal es un regalo de Dios. A través de nuestras vidas muchas cosas hermosas han sucedido. Podemos recapitularlas hoy.

Encontramos en el mensaje de María en La Salette una invitación a ser miembro active de la familia de su Hijo, Jesús porque como ella mencionó repetidamente somos "sus hijos."

- ¿Cómo mantienes las conexiones con tu propia familia, tu familia Cristiana al igual que la familia de laicos y religiosos de La Salette? Estas son conexiones que te pueden dar mucha vida y fortalecer tu fe.

# Día 42:
# Debo tener siempre esperanza

**Escrituras:** Pese a los grandes retos que San Pablo experimentó, aun así compartió su visión esperanzadora de fe: "..*Pero tenemos este tesoro en vasos de barro, para que la extraordinaria grandeza del poder sea de Dios y no de nosotros. Afligidos en todo, pero no agobiados; perplejos, pero no desesperados; perseguidos, pero no abandonados; derribados, pero no destruidos... Pues esta aflicción leve y pasajera nos produce un eterno peso de gloria que sobrepasa toda comparación, al no poner nuestra vista en las cosas que se ven, sino en las que no se ven; porque las cosas que se ven son temporales, pero las que no se ven son eternas*" (2 Corintios 4:7-9,17-18).

**Reflexión:** En el libro de George Weigel, *Witness to Hope*, (*Testigo de la Esperanza*) él expresa que "el Papa Juan Pablo II ha mirado virtualmente en el corazón luego de haberse enfrentado a cada oscuridad moderna y cómo su fe en Dios lo ayudó a salir victorioso como un testigo de esperanza como se describió así mismo ante la Naciones Unidas en 1995."

El Papa dijo: "La esperanza no es un optimismo vacío que nace de la confianza ingenua de que el futuro será necesariamente mejor que el pasado. La esperanza y la confianza son la premisa de una actividad responsable que es nutrida por: "La conciencia que es el núcleo más secreto y el sagrario del hombre, en el que éste se siente a solas con Dios, cuya voz resuena en el recinto más íntimo de aquélla." (*Gaudium et Spes*, #16) y que percibe que (cada persona) no está sola en el medio de los enigmas de la existencia ya que cada uno está rodeado por el amor de su Creador." (5)

George Weigel continúa: "La esperanza entonces no es un optimismo basado en una óptica de cómo vemos las cosas. Es una realidad más fuerte, es una virtud teológica." (6)

De manera similar, María en La Salette se hace eco de las palabras de Su Hijo cuando ella prometió: "*Si (mi pueblo) se convierte, las piedras y los peñascos se transformarán en un montón de trigo, y las papas se encontrarán sembradas por los campos.*"

- Honra a la Madre Llorosa rezando la novena en su honor por los próximos 9 días (11-19 del mes) pidiéndole a María y a Su Hijo que conceda gracias especiales para ti y tu familia.

## Día 43:
## Mantén los ideales cristianos vivos

**Escrituras:** San Pablo le escribió al joven Timoteo estas palabras alentadoras: *"Por lo cual te recuerdo que avives el fuego del don de Dios que hay en ti por la imposición de mis manos. Porque no nos ha dado Dios espíritu de cobardía, sino de poder, de amor y de dominio propio… quien nos ha salvado y nos ha llamado con un llamamiento santo, no según nuestras obras, sino según su propósito y según la gracia que nos fue dada en Cristo Jesús desde la eternidad… Retén la norma de las palabras sanas que has oído de mí, en la fe y el amor en Cristo Jesús. Guarda, mediante el Espíritu Santo que habita en nosotros, el tesoro que te ha sido encomendado"* (2 Timoteo 1: 6-7, 9,13-14).

**Reflexión:** San Pablo describe su propia vocación cuando le escribe al joven Timoteo sus recomendaciones. Él alienta a Timoteo y a nosotros de que bajo el amparo del Espíritu Santo, acojamos el poder, el amor y auto control otorgado por Dios en el Bautismo. Estamos orgullosos de anunciar la verdad del Evangelio e invitar a otros a creer en El que nos salvó derramando su sangre en la Cruz.

Las palabras de San Pablo se aplican mayormente a nosotros los que luchamos para seguir la invitación que María nos hizo en La Salette y poder propagar su mensaje. Nuestra vocación es real: nuestra misión es verdaderamente un gran reto y Dios nos ayudará a perseverar si pedimos su ayuda mediante la oración.

Por momentos nos sentimos desalentados pero como San Mateo nos dice: *"Vosotros sois la luz del mundo. Una ciudad situada sobre un monte no se puede ocultar; ni se enciende una lámpara y se pone debajo de un almud, sino sobre el candelero, y alumbra a todos los que están en la casa"* (Mateo 5:14-15).

- ¿Cuándo tú (u otro) has experimentado dificultades por vivir el Evangelio, y cómo has notado que Dios te ha dado las fuerzas para sobrellevarlo?

- ¿Cuándo has ayudado a los demás a sobrellevar sus propias dificultades?

## Día 44: Aprender a atesorar mi vocación de La Salette

**Escrituras:** En un día como cualquier otro, Jesús de repente decidió acercarse y pedirle a algunos de los que le acompañaban que lo siguieran: *"Y andando junto al mar de Galilea, vio a dos hermanos, Simón, llamado Pedro, y Andrés su hermano, echando una red al mar, porque eran pescadores. Y les dijo: Seguidme, y yo os haré pescadores de hombres. Entonces ellos, dejando al instante las redes, le siguieron"* (Mateo 4:18-20).

**Reflexión:** Padre Normand Theroux, M.S., nos recuerda a quién se dirigió el mensaje de María de La Salette: "Fr. Sylvain-Marie Giraud, M.S., explicó: 'Nuestra Señora en la Salette se le aparece a dos campesinos – niños trabajadores, *niños laicos*, niños pueblerinos. Su discurso fue uno para *su gente*… En ninguna parte de su mensaje hay alusión a limitar el mismo al clero o a la jerarquía. Su discurso era un llamado claro a la perfección de la vida Cristiana de los laicos. Es un llamado a la Eucaristía, a la oración, a la penitencia, a la conversión, al sufrimiento y un llamado a honrar el nombre de Jesús y el ofrecimiento del domingo como el día para dedicarle al Señor. (7)

"Las preocupaciones que expresó en su discurso eran las inquietudes del pueblo laico: trigo dañado, nueces y pasas podridas. Ella le refrescó la memoria a Maximino en relación a una larga y olvidada conversación con su padre en los montes de Coin. La conversación entre el padre y el hijo fueron un diálogo filial. Maximino recordó el descontento de su padre al enterarse que la Señora le había hablado de eso en su mensaje. Pero al próximo día el Sr. Giraud fue sanado de su enfermedad y en seguida regresó a la práctica de la religión. Nuestra Señora no excluye a nadie de las preocupaciones de sus lágrimas y sufrimiento. Ella habló para *toda su gente*."

- ¿Cada vez que oyes el mensaje La Salette, ¿escuchas bien sus palabras y cómo éstas te invitan a la conversión y te llevan cada vez más cerca del camino y mensaje de Su Hijo?

• ¿Cuándo has tenido la oportunidad de compartir el mensaje de María con los demás?

# Día 45:
# Soy un miembro de la familia mundial de La Salette

**Escrituras:** San Pablo habla de modo hermoso de cómo las personas van creciendo en la familia de la fe. Y describe cómo cada persona comparte sus dones particulares para edificar la familia de Dios, la Iglesia: *"Y El dios a algunos el ser apóstoles, a otros profetas, a otros evangelistas, a otros pastores y maestros, a fin de capacitar a los santos para la obra del ministerio, para la edificación del cuerpo de Cristo... para que ya no seamos niños... sino que hablando la verdad en amor, crezcamos en todos los aspectos en aquel que es la cabeza, es decir, Cristo, de quien todo el cuerpo... conforme al funcionamiento adecuado de cada miembro, produce el crecimiento del cuerpo para su propia edificación en amor"* (Efesios 4:11-12,14a,15-16).

**Reflexión:** Ser un laico de La Salette conlleva el deseo de conocer más sobre la vida y misión de nuestra familia a nivel mundial. Nuestra membresía incluye personas de diversas culturas, lenguajes y situaciones económicas. Algunos están íntimamente involucrados con los religiosos y consagrados de La Salette – hermanos, hermanas y sacerdotes – quienes trabajan en veinticinco países. Otros, como laicos, son miembros de un ministerio de La Salette o personalmente conocen y apoyan algún religioso de La Salette. Y otros meramente visitan la gruta de La Salette y son cautivados por las lágrimas de María o sienten el llamado a compartir el mensaje tentador de reconciliación con los demás, incluyendo sus familias y amistades. En

Nuestra Señora de La Salette, Reina de las Misiones

cualquier caso, todos estamos unidos por una misma razón y es haber sido tocados profundamente por el mensaje de María, un mensaje que nuestro mundo necesita desesperadamente escuchar.

*La Regla de La Salette explica*: "Todos nosotros… según los diferentes ministerios y trabajos que estamos llamados a realizar, en la misión de Reconciliación confiada por la Iglesia a la Congregación. Para realizar un servicio mejor, trabajamos en estrecha colaboración con los laicos, el clero diocesano y las otras congregaciones, bajo la autoridad del obispo y según las orientaciones pastorales de la Iglesia" (*Regla de La Salette, #26-28*).

- ¿Qué papel juegas en la familia de La Salette?
- ¿Cómo compartes tus dones con los de La Salette?

# Día 46:
# Haz de mi comunidad de La Salette un lugar lleno de amor

**Escrituras:** En el Segundo Evangelio de Lucas, los Hechos de los Apóstoles, escuchamos con claridad el ideal de la vida Cristiana en comunidad: *"Eran asiduos a la enseñanza de los apóstoles, a la convivencia fraterna, a la fracción del pan y a las oraciones…Todos los que habían creído vivían unidos; compartían todo cuanto tenían…Todos los días se reunían en el Templo con entusiasmo, partían el pan en sus casas y compartían la comida con alegría y con gran sencillez de corazón. Alababan a Dios y se ganaban la simpatía de todo el pueblo."* (Hechos 2:42, 44,46-47a).

**Reflexión:** *La Regla de La Salette* explica algunos de los aspectos importantes de la vida en comunidad. Por supuesto, tu comunidad particular de La Salette es el lugar donde contactas las personas, un lugar de compartir y fortalecer tu fe. Tu llamado incluye hacer de tu grupo una comunidad verdadera y viva donde el amor y la comprensión de Dios reinen. Todo esto tiene sus paralelos en la vida familiar del mismo modo que con los otros laicos de La Salette- en sus reuniones, ministerios y celebraciones:

"Animados por el mismo amor de Cristo, al servicio de la misma misión, somos todos solidarios en el apostolado: por lo tanto estamos llamados a unir nuestros esfuerzos para la edificación del

Reino de Dios... Para estrechar más los lazos fraternos que nos unen, aprovecharemos las ocasiones que son expresión de la amistad humana y que concretizan nuestra fraternidad" (*La Regla de La Salette*, #17, 19-20).

El modelo de una verdadera y duradera comunidad cristiana depende de que todos sus miembros hagan lo mejor por compartir quiénes son y los dones que tienen para ofrecer a los demás.

- ¿Cómo y dónde fue tu primer encuentro con la comunidad de La Salette?
- ¿Cómo participas en la comunidad extendida de La Salette? Quizás uniéndote a ellos en oración o la Eucaristía, mediante el Sacramento de la Reconciliación o mediante la participación en varios ministerios o eventos.
- ¿Conoces a alguna persona laica involucrada en algún ministerio de La Salette?

# Día 47: Busca a menudo compartir con los demás

**Escrituras:** Este es un resumen que caracteriza la comunidad en Jerusalén. Esto enfatiza la unidad de espíritu de esta comunidad y el sistema desarrollado para la distribución de bienes y de compartir las posesiones materiales: *"La congregación de los que creyeron era de un corazón y un alma; y ninguno decía ser suyo lo que poseía, sino que todas las cosas eran de propiedad común... No había, pues, ningún necesitado entre ellos, porque todos los que poseían tierras o casas las vendían, traían el precio de lo vendido, y lo depositaban a los pies de los apóstoles, y se distribuía a cada uno según su necesidad"* (Hechos 4:32,34-35).

**Reflexión:** El valor y el hábito de compartir dentro de la comunidad – bien sea en los pequeños grupos, en la parroquia o en la comunidad religiosa – es crucial para vivir el carisma de La Salette. Si queremos compartir nuestro carisma, tenemos que vivirlo primero en el ambiente de nuestro hogar.

*La Regla de La Salette* correctamente señala que: "Nuestras comunidades deben ser signos vivos del amor de Cristo. Están abiertas y son acogedoras para todos. De este modo, nuestra hospitalidad será un testimonio de nuestro deseo y de nuestra alegría de compartir nuestra vida y de estar al servicio de todos" (*La Regla de La Salette*, #21).

Como hemos experimentado en nuestra vida familiar donde la entrega y darse es esencial. Así mismo como miembro de la familia de La Salette estamos llamados a darnos en forma desprendida.

Al igual que cuando hacemos los votos matrimoniales, seremos parte de una comunidad "en las buenas y en las malas." A veces nuestra familia de La Salette pasará por necesidad, otros quizás están enfrentando retos y dificultades y otros servirán de apoyo. Pero todo esto es bueno para el alma. Una antigua parábola acerca de la familia decía que: "La felicidad que se comparte se duplica: la tristeza que se comparte se disminuye a la mitad." ¿No es este 'el modo de Nuestro Señor'?

- ¿Cuándo te has ofrecido a ayudar tu familia de La Salette?
- ¿Qué talentos has compartido con la comunidad de La Salette a través de los años?

# Día 48:
# Hacer de mi trabajo un testimonio del amor de Dios

**Escrituras:** *"Porque este es el mensaje que habéis oído desde el principio: que nos amemos unos a otros... Hermanos, no os maravilléis si el mundo os odia... En esto conocemos el amor: en que Él puso su vida por nosotros; también nosotros debemos poner nuestras vidas por los hermanos. Pero el que tiene bienes de este mundo, y ve a su hermano en necesidad y cierra su corazón contra él, ¿cómo puede morar el amor de Dios en él? Hijos, no amemos de palabra ni de lengua, sino de hecho y en verdad"* (1 Juan 3:11,13a, 16-18).

**Reflexión:** La siguiente historia proviene del testimonio de una madre dedicada e involucrada: "Mi hijo, Juan, es muy hábil para el arte y definitivamente parece tener talento. Sus maestros se lo han dicho pero le falta mucho por lograr. Para perfeccionar cualquier arte se requiere un montón de esfuerzo, trabajo, paciencia y dedicación. No estoy segura que mi hijo tenga lo que se requiere para esto. Lo que él necesita en este momento es motivación y estímulo ya que el arte es a nivel individual.

"Yo constantemente le decía cuan impresionada estaba de sus pinturas. Pero de algún modo no parecía creerme. Luego se me ocurrió pensar que necesitaba algo más. Y le pedí una de sus pinturas favoritas, la tomé, la enmarqué y la colgué en la cocina. No pude hacer algo mejor para aumentar su confianza como esa simple acción. El amor necesita acciones. De otro modo, serán tan solo semillas sembradas." (8)

María, en su breve visita en La Salette, alentó e invitó a dos pequeños testigos tímidos a hacer algo que ellos no hubieran hecho por su propia iniciativa – dar a conocer su mensaje a todas las personas. Esto lo hicieron simplemente por la fe y confianza en la Bella Dama.

- ¿Qué has hecho – aunque sea simple – para demostrar el amor por un familiar o amigo que de alguna manera te impresionó?
- ¿Cuál ha sido el mejor regalo que has recibido de otra persona?

# Día 49:
## Convertir mis obstáculos en peldaños para continuar

**Escrituras:** Una de las más importantes lecciones para aprender en el camino de la vida es cómo convertir las dificultades y obstáculos en momentos de gracia. San Pablo describe la propia actitud de Jesús en su vida: *"Haya, pues, en vosotros esta actitud que hubo también en Cristo Jesús, el cual, aunque existía en forma de Dios, no consideró el ser igual a Dios como algo a qué aferrarse, sino que se despojó a sí mismo tomando forma de siervo, haciéndose semejante a los hombres. Y hallándose en forma de hombre, se humilló a sí mismo, haciéndose obediente hasta la muerte, y muerte de cruz"* (Filipenses 2:5-8).

**Reflexión:** San Francisco de Sales fue un apóstol de la espiritualidad laica. El Papa San Juan Pablo II lo mencionó específicamente en la carta *Christifideles Laici* (*Los fieles laicos*), #56: "Podemos concluir releyendo una hermosa página de San Francisco de Sales, que tanto ha promovido la espiritualidad de los laicos. Hablando de la 'devoción', es decir de la perfección cristiana o 'vida según el Espíritu', presenta de manera simple y espléndida la vocación de todos los cristianos a la santidad y, al mismo tiempo, el modo específico con que cada cristiano la realiza: En la Creación Dios mandó a las plantas producir sus frutos, cada una 'según su especie' (Gn 1:11). El mismo mandamiento dirige a los cristianos, que son plantas vivas de su Iglesia, para que produzcan frutos de devoción, cada uno según su estado y condición. La devoción debe... además conciliar la práctica de la devoción con las fuerzas, con las obligaciones y deberes de cada persona (...)"

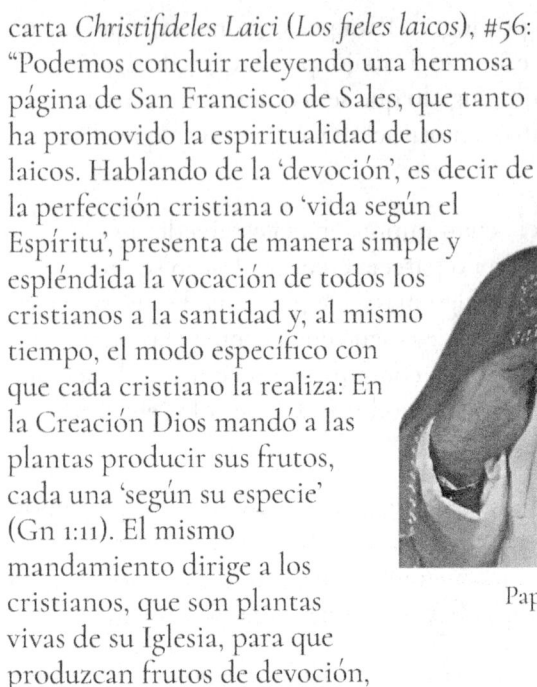

Papa San Juan Pablo II

En La Salette, María motivó a los dos niños y a nosotros a seguir a su Hijo y aceptar el reto de dar a conocer su mensaje. Imitando a Jesús tenemos que seguir el camino con fe y confianza, viendo nuestros retos como oportunidades, nuestras dificultades como sacrificios necesarios – todo en el nombre de Jesús, Hijo único de María.

- ¿Cuándo has aceptado algún reto en la vida y le has pedido a Dios su ayuda para enfrentarlo con la esperanza que solo Él te puede dar?
- ¿A quién conoces que ve los retos como oportunidades y no como meros obstáculos?

# Día 50: Recuerda la Aparición de La Salette

**Escrituras:** San Pablo nos dio un importante recordatorio a nuestro llamado a ser reconciliadores: *"Dios estaba en Cristo reconciliando al mundo consigo mismo, no tomando en cuenta a los hombres sus transgresiones, y nos ha encomendado a nosotros la palabra de la reconciliación. Por tanto, somos embajadores de Cristo, como si Dios rogara por medio de nosotros; en nombre de Cristo os rogamos: ¡Reconciliaos con Dios!"* (2 Corintios 5:19-20).

**Reflexión:** Padre Norman Theroux, M.S., retoma la historia del Hijo Pródigo (o mejor dicho, la historia del Padre Misericordioso): "El Padre no solo acepta el regreso de su hijo pero además está dispuesto a abrazar y besar a un hijo pecador, a uno que todavía no se había desprendido del pecado. No hay justicia real aquí, en términos de la justicia humana compensatoria. Esto solo se justifica por la misericordia del padre. San Pablo nos recuerda sobre esta reconciliación difícil y humanamente imposible: *'Déjense reconciliar por Dios'* (2 Corintios 5:20).

"La Reconciliación...es hecha por Dios. Muchos de nuestros cristianos están bajo la percepción de que *nunca podrán regresar*, que sus pecados son tan grandes que Dios no los podrá perdonar. Ellos de hecho, no pueden perdonarse a ellos mismos por tener una visión errónea de la justicia de Dios y un entendimiento inadecuado de Su misericordia.

"San Pablo no dijo: 'Reconcíliense ustedes mismos con Dios' en vez de eso nos dijo: '(Permitan ustedes ser) reconciliados por Dios.' La Salette es otro llamado a permitirnos a nosotros ser reconciliados con Cristo. Nuestra Señora nos dice que la cosa peor que nos puede suceder es apartarnos de Cristo."

El día 19 de cada mes es un momento oportuno para ir y celebrar la misa y hacer la *"Oración a Nuestra Señora de La Salette"*. Ver las últimas páginas de este libro.

- ¿Por quién oras hoy a Ntra. Sra. de La Salette, reconciliadora de los pecadores, para que pueda acercarse más al camino y mensaje de Su Hijo?

## Día 51:
## Cuidemos del planeta Tierra, obra buena de Dios

**Escrituras:** *"Y dijo Dios: Hagamos al hombre a nuestra imagen... Sed fecundos y multiplicaos, y llenad la tierra y sojuzgadla; ejerced dominio sobre los peces del mar, sobre las aves del cielo y sobre todo ser viviente que se mueve sobre la tierra... Y vio Dios todo lo que había hecho, y he aquí que era bueno en gran manera"* (Génesis 1:26a, 28,31a).

**Reflexión:** El Papa Benedicto XVI acertadamente señala: "El Libro del Génesis nos remite en sus primeras páginas al proyecto sapiente del cosmos, fruto del pensamiento de Dios, en cuya cima se sitúan el hombre y la mujer, creados a imagen y semejanza del Creador para 'llenar la tierra' y 'dominarla' como 'administradores' de Dios mismo (cf. Génesis 1:28).

"La armonía entre el Creador, la humanidad y la creación que describe la Sagrada Escritura, se ha roto por el pecado de Adán y Eva... La consecuencia es que se ha distorsionado también el encargo de 'dominar' la tierra, de 'cultivarla y guardarla'. Pero el verdadero sentido del mandato original de Dios... no consistía en una simple concesión de autoridad, sino más bien en una llamada a la responsabilidad." (9)

Parte de nuestro llamado como reconciliadores es cuidar de la obra buena de Dios, nuestro planeta Tierra. Nuestra Señora en La Salette nos recuerda la conexión de nuestra vida con la de la Tierra. A menos que no nos convirtamos, el trigo se dañará, las uvas se podrirán, las nueces serán comidas por los gusanos, y habrá una gran hambruna... *"Si se convierten, las piedras y los peñascos se transformarán en un montón de trigo, y las papas se encontrarán sembradas por los campos."*

Al visitar el lugar original de la Aparición en la Sagrada Montaña de Francia, somos arropados por la belleza sinigual de los picos de los Alpes que dan un sentido de que obviamente este es un sitio sagrado aún antes de que la aparición sucediera. Necesitamos proteger la Tierra como corresponsables de la creación de Dios.

- ¿Apoyas el tomar conciencia de cómo tú, tu familia, tu parroquia y tus amistades están llamados a proteger y cuidar el planeta Tierra?
- ¿Cómo puedes hacer pequeños cambios para proteger la Tierra, obra buena de Dios para nosotros?

# Día 52:
# Alabo al Señor constantemente y comparto mi gozo con los demás

**Escrituras:** El salmista comparte su actitud de agradecimiento a Dios: *"La piedra que desecharon los edificadores ha venido a ser la piedra principal del ángulo. Obra del Señor es esto; admirable a nuestros ojos. Este es el día que el Señor ha hecho; regocijémonos y alegrémonos en él... Tú eres mi Dios, y gracias te doy; tú eres mi Dios, yo te exalto. Dad gracias al Señor, porque Él es bueno; porque para siempre es su misericordia..."* (Salmo 118:22-24, 28-29).

**Reflexión:** En las Escrituras el gozo es la expresión profunda que existe no tan solo en tiempos libres de problemas pero si no que también en tiempos de ansiedad y pena. Encontramos una señal del significado de esta aseveración en la canción familiar de Sidney Carter, *"El Señor de la Danza."* Esta nos habla de danzar en el primer momento de la Creación, en el nacimiento de Jesús y cuando curó al cojo. Pero también habla de danzar aun en el momento en que Jesús fue azotado, crucificado y en Su muerte.

El salmista establece un punto similar cuando primero recordaba el rechazo y luego sin embargo, los beneficios de alabar a Dios: *"La piedra que desecharon los edificadores ha venido a ser la piedra principal del ángulo... Este es el día que el Señor ha hecho; regocijémonos y alegrémonos en él..."* (Salmo 118:22, 24).

Madre Teresa explicó que si se tiene una visión balanceada de la vida y tu lugar dentro de ella, el gozo brotará del alma. Ella oraba: "Que haya paz en tu corazón. Que puedas confiar que estás exactamente donde debes estar. No olvides las posibilidades infinitas que nacen de la fe en ti mismo y en los demás. Que puedas usar los dones que has recibido y pasar el amor que se te ha dado. Que estés satisfecho contigo tal como eres. Que este conocimiento se asiente completamente dentro de ti y le dé a tu alma la libertad de poder cantar, danzar, alabar a Dios y amar. Esto es para cada uno de nosotros."

- ¿Alabas al Señor aún en los tiempos difíciles?
- ¿Compartes tu gozo sin titubeos con los demás?
- ¿Quién es para ti una persona verdaderamente llena de gozo?

# Día 53:
# Disfruto el regalo de tener verdaderos amigos

**Escrituras:** Jesús nos recuerda el ambiente de amor y comunidad que puede apoyar y fortalecer las amistades: *"Entonces, como escogidos de Dios, santos y amados, revestíos de tierna compasión, bondad, humildad, mansedumbre y paciencia; soportándoos unos a otros y perdonándoos unos a otros, si alguno tiene queja contra otro; como Cristo os perdonó, así también hacedlo vosotros. Y sobre todas estas cosas, vestíos de amor, que es el vínculo de la unidad. Y que la paz de Cristo reine en vuestros corazones, a la cual en verdad fuisteis llamados en un solo cuerpo; y sed agradecidos"* (Colosenses 3:12-15).

**Reflexión:** Henri Nouwen escribe: "Un verdadero amigo no es aquel que puede resolver todos tus problemas o quien tiene la respuesta a cada interrogante. No, un amigo verdadero es alguien que no se aleja cuando no hay soluciones o respuestas, por el contrario, se acerca a ti y permanece fiel a ti. Resulta ser que el que te da más confianza no es la persona que te dice, Haz esto o vete allá: si no aquel que si no tiene un buen consejo que ofrecer se limita a decir: 'No importa lo que suceda, soy tu amigo, puedes contar conmigo...'

"Dios se ha convertido en hombre para poder vivir, sufrir y morir como nosotros. Hemos encontrado en Jesús un ser humano semejante, que es completamente uno con nosotros y que no hubo debilidad, dolor o tentación que fuera ajena a Él... Jesús es un Dios compasivo que se acercó a nosotros en nuestra debilidad de manera que pudiésemos volvernos a Él cuándo tuviéramos temor." (10)

La Santa Montaña de La Salette ha sido el lugar de muchos momentos de renovación de la fe, incontables conversiones y celebraciones del perdón de Dios a través del sacramento de la Reconciliación como del perdón entre personas que parecían irreconciliables, Demos gracias a Dios! Otra vez Jesús nos dice: "*Os he llamado amigos...*" (Juan 15:15).

- ¿Puedes coger tiempo hoy para reflexionar en ver cómo Dios te ha regalado buenos amigos?
- ¿Tienes alguien al que tienes que pedirle perdón?

# Día 54:
# Cultivo una espiritualidad sólida y una fe activa

**Escrituras:** Aún los discípulos de Jesús le preguntaron cómo podrían aumentar su fe: "*¡Auméntanos la fe! Entonces el Señor dijo: Si tuvierais fe como un grano de mostaza, diríais a este sicómoro: 'Desarráigate y plántate en el mar.' Y os obedecería*" (Lucas 17:5-6).

**Reflexión:** El Papa San Juan Pablo II tuvo palabras generosas para expresar la importancia y la espiritualidad de los laicos: "Gracias a los fieles laicos, la presencia y la misión de la Iglesia en el mundo se realiza, de modo especial, en la diversidad de carismas y ministerios que posee el laicado. La secularidad es la nota característica y propia del laico y de su espiritualidad que lo lleva a actuar en la vida familiar, social, laboral, cultural y política, a cuya evangelización es llamado..." (11)

María en La Salette estuvo verdaderamente preocupada por la gente y cómo algunos habían perdido su fe. Nos advirtió que todos debemos orar diariamente y que tenemos que hacer todo lo que nos ayude a mantener una fe activa y una vida espiitual vibrante. Todo comienza con la oración personal.

*"¿Hacen ustedes bien la oración, hijos míos?"* Les preguntó a los pastorcitos. Ambos contestaron con gran franqueza. *"Casi nunca Señora", "Ah!" hijos míos,"* ella los exhortó, *"deben hacerla bien, por la noche y la mañana, aunque más no sea un Padre Nuestro y una Ave María cuando no puedan hacer más. Cuando puedan hacer algo mejor, recen más."*

Que Dios continúe apoyándonos en los esfuerzos diarios de vivir y celebrar nuestra fe todos y cada uno de los días.

- La oración centra adecuadamente nuestra vida de fe. ¿Cómo es tu vida de oración diaria?
- ¿Qué haces para profundizar y aprender más sobre tu fe?
- ¿Discutes tu fe con otros o contestas sus preguntas?
- ¿Tienes un director espiritual?

# Día 55: Leer el mensaje de María una vez más

**Escrituras:** San Lucas describe el lamento de Jesús por Jerusalén: *"Cuando Jesus se acercó, al ver la ciudad, lloró sobre ella, diciendo: ¡Si tú también hubieras sabido en este día lo que conduce a la paz! Pero ahora está oculto a tus ojos"* (Lucas 19:41-42).

**Reflexión:** Padre Norman Theroux, M.S., comparte sus reflexiones sobre *las lágrimas de María*: Nadie puede decir que la aparición en La Salette fue descolorida y fría. Nuestra Señora no apareció en esta montaña alta para tan solo ofrecer unas advertencias y dictar unas oraciones y prácticas a seguir...Los niños, Melania y Maximino, la vieron sentada en una piedra, con su cara entre sus manos y estaba llorando. Las lágrimas son siempre un desahogo. Brotan del corazón por exceso de dolor o de gozo. En este caso de puro dolor. Las lágrimas no son meramente una realidad fisiológica. Son también, como en este caso, signos de amor. Cristo lloró sobre Jerusalén porque estaba afligido. Las personas lloran porque se preocupan. Las lágrimas... son señales del envolvimiento e intensidad con que somos parte de la vida de la otra persona.

"Estas lágrimas son un mensaje tácito (sin palabras) y poderoso. La Hermosa Señora llora pero nunca hizo referencia a sus lágrimas, nunca aludió a ellas. La intención es que hablaran por sí solas, y así fue... En La Salette fueron aflicción líquida, torrentes de dolor derretido que corren por las mejillas de la 'Dama' y son muestras obvias de amor.

"Las lágrimas deben ser recordadas por otra razón. Si las palabras que ella habla son un mensaje de su Hijo, ¿por qué no comunicarían por sí mismas algo de la propia Persona de Cristo? Si las lágrimas son reflejo de Su Voluntad, por qué entonces no serían espejo del Amor y el Cuidado de Dios? La Bella Dama habla las palabras de Cristo. ¿Por qué no llorar las lágrimas de Dios?"

- ¿Si relees el mensaje de La Salette, escuchas a María hablándote directamente, en tu vida, circunstancias, preocupaciones y retos?
- ¿Si se te presenta la ocasión podrías brevemente compartir el mensaje de María con otras personas?

# Día 56:
# Oro para profundizar en el amor por la Eucaristía

**Escrituras:** San Lucas describe el evento de La Última Cena: "*Y Jesus habiendo tomado pan, después de haber dado gracias, lo partió, y les dio, diciendo: Esto es mi cuerpo que por vosotros es dado; haced esto en memoria de mí. De la misma manera tomó la copa después de haber cenado, diciendo: Esta copa es el nuevo pacto en mi sangre, que es derramada por vosotros*" (Lucas 22:19-20).

**Reflexión:** La celebración de la Eucaristía es vista por muchos como una agradable devoción. De hecho, la Eucaristía en su esencia necesita de una preocupación por los necesitados. San Juan Crisóstomo predicó sobre la conexión entre la Eucaristía y el alcance social:

"¿Quieres honrar el Cuerpo de Cristo? No lo ignores cuando esté desnudo. No lo homenajees en el templo revestido de seda, para luego descuidarlo afuera cuando está con frío y enfermo. El que dijo: Este es mi Cuerpo igualmente dijo: *'Porque tuve hambre, y me disteis de comer'* y *'...cuanto lo hicisteis a uno de estos hermanos míos, aun a los más pequeños, a mí lo hicisteis'* " (Mateo 25:35,40)... Cómo puede ser bueno ver el altar lleno de cálices dorados mientras nuestros hermanos mueren de hambre. Comienza por satisfacerle el hambre y con lo restante adorna el altar. " (12) Palabras desafiantes de un predicador radical de la Iglesia primitiva.

Con la publicación del *Catecismo de la Iglesia Católica*, el Papa San Juan Pablo II aprobó la siguiente aseveración; "La Eucaristía entraña un compromiso en favor de los pobres: Para recibir en la verdad el Cuerpo y la Sangre de Cristo entregados por nosotros debemos reconocer a Cristo en los más pobres, sus hermanos" (cf. Mateo 25:40).

Los propios comentarios de María sobre la Misa y su inmediata mención de su preocupación por los hambrientos y los moribundos están íntimamente conectados y adecuados pues claramente Ella brinda el mensaje de su Hijo.

- ¿Cómo tu celebración eucarística semanal apoya tu llamado y respuesta a servir al prójimo?
- ¿Aprecias que como cristiano, estás llamado a "Reconocer a Cristo en la cara de los más pobres (de entre los pobres)"?

# Día 57:
# Ser agradecido por mi pasado, presente y futuro.

**Escrituras y Reflexión:** María en su *Magníficat* expresó su agradecimiento por el pasado: *"Entonces María dijo: Mi alma engrandece al Señor, y mi espíritu se regocija en Dios mi Salvador. Porque ha mirado la humilde condición de esta su sierva; pues he aquí, desde ahora en adelante todas las generaciones me tendrán por bienaventurada. Porque grandes cosas me ha hecho el Poderoso; y santo es su nombre. Y de generación en generación es su misericordia para los que le temen. Ha hecho proezas con su* *brazo; ha esparcido a los soberbios en el pensamiento de sus corazones. Ha quitado a los poderosos de sus tronos; y ha exaltado a los humildes; A los hambrientos ha colmado de bienes y ha despedido a los ricos con las manos vacías. Ha ayudado a Israel, su siervo, para recuerdo de su misericordia tal como dijo a nuestros padres, a Abraham y a su descendencia para siempre"* (Lucas 1:46-55).

María en La Salette expresó *su amor por el presente*. Presentó sus respetos a los dos niños que estaban temerosos frente a ella. Su bondadosa compasión deshizo sus temores y fueron acercándose- tan cerca que nadie podía interponerse entre ellos.

María en La Salette expresó *su confianza por el futuro*: Jesús sabía que sus seguidores tendrían que confiar en Él; *"Sal a la parte más profunda y echad vuestras redes para pescar"* (Lucas 5:4-6).

- ¿Estás en paz con tu pasado, reconciliado con todo lo que te ha sucedido y agradecido a Dios por todas las bendiciones?
- ¿Tienes conciencia de las necesidades de los que te rodean? ¿Estás disponible para ayudarlos?
- ¿Confías que Jesús te ayudará en el futuro a completar tu misión y que con la ayuda de Él lograrás: *"Salir a la parte más profunda y echad vuestras redes para pescar"* dándole fuerza alguien para que se reconcilie consigo mismo, con Dios o con alguien más?

# Día 58: Cree en la Justicia, la verdad y haz la paz

**Escrituras:** Jesús no vaciló con sus palabras sobre la paz y la Misericordia. Apelan a nuestro corazón: *"Bienaventurados los pobres en espíritu, pues de ellos es el reino de los cielos... Bienaventurados los que tienen hambre y sed de justicia, pues ellos serán saciados... Bienaventurados los que procuran la paz, pues ellos serán llamados hijos de Dios. Bienaventurados aquellos que han sido perseguidos por causa de la justicia, pues de ellos es el reino de los cielos. Bienaventurados seréis cuando os insulten y persigan, y digan todo género de mal contra vosotros falsamente,* *por causa de mí. Regocijaos y alegraos, porque vuestra recompensa en los cielos es grande, porque así persiguieron a los profetas que fueron antes que vosotros"* (Mateo 5:3,6,9-12a).

**Reflexión:** En una cumbre interreligioso en el pueblo de Asís, el Papa Benedicto XVI proclamó las siguientes palabras de forma contundente: "No más violencia, No más guerra, No más terrorismo. En el nombre de Dios, que cada religión traiga a la Tierra: Justicia y Paz, Perdón y Vida, Amor…Somos peregrinos de la verdad y la paz, los saludo con las mismas palabras de San Francisco: "Señor concédenos la Paz." (14)

Ciertamente es una orden fuerte pero nosotros los creyentes debemos responder al reto que el Papa nos presentó y convertirnos en reconciliadores y buscadores de paz.

Las palabras de María a los dos niños podrían sonar como una meta elevada: *"Bueno, hijos míos, se lo dirán a todo mi pueblo."* Tuvieron que sentirse sobrecogidos con su mensaje y su misión. ¿Cómo podían dar a conocer su mensaje? Después de todo solo eran dos pequeños vaqueros. Pero acogieron su pedido y como se dice, el resto es historia.

Capilla católica en el monte de Bienaventuranzas; foto: Berthold Werner

- ¿Cómo te sientes al llamado que se te hace como bautizado y seguidor de Jesús, a proclamar el Evangelio y llevar el mensaje de fe y reconciliación que María trajo a todo su pueblo? Quizás la humildad requerida para contestar esta pregunta es un buen comienzo.

# Día 59:
# Toda reconciliación es un proceso continuo dirigido por Dios

**Escrituras:** San Pablo ciertamente nos ofrece una descripción elevada de Jesús como: "...*la imagen del Dios invisible, el primogénito de toda creación... (a través de quien Dios lo haría) reconciliar todas las cosas consigo, habiendo hecho la paz por medio de la sangre de su cruz...*" (Colosenses 1:15,20).

**Reflexión:** El apóstol Pablo les recuerda a los colosenses y a nosotros que todos hemos sentido los efectos reconciliadores de la muerte de Jesús. Ahora como San Pablo, debemos convertirnos en ministros y proclamadores del Evangelio con nuestro modo de vivir cada día. Para lograrlo, necesitamos la fortaleza de vivir todos los días como personas reconciliadas, listas para compartir el mensaje esperanzador de la reconciliación con todos.

Esto requiere un crecimiento continuo de nuestra fe y como María les recordó a los dos niños, y de la práctica de la oración diaria. No debemos tentarnos a decir, "ya lo logré, ya crecí, no tengo nada nuevo que aprender."

*La Regla de La Salette* nos recuerda que nos beneficiamos en aprender más de nuestra fe, nuestro carisma de reconciliación y cómo vivirlo: "Las comunidades favorecen los estudios saletenses y se esfuerzan por tomar parte en las iniciativas y esfuerzos emprendidos para una mejor comprensión y profundización de nuestro espíritu" (*La Regla de La Salette*, 4cp).

Tenemos que hacer que nuestra experiencia de vida sea una búsqueda para profundizar en la fe, el conocimiento y el aprecio por nuestra vocación. De este modo, estaremos viviendo la espiritualidad de reconciliación de La Salette, que presume que tenemos un corazón abierto, una fe creciente y una disponibilidad de servir al Señor donde quiera que Él nos dirija. Esa es nuestra vida; y es el llamado como personas de La Salette.

- ¿Estás preparado hoy para responder, como Jesús hizo, a los

regalos y retos de este día?
- ¿Al final del día, tomas tiempo para agradecer a Dios por las bendiciones que has tenido?

## Día 60:
## Muestro mi amor por Dios dedicándome a la Iglesia y a su misión

**Escrituras:** El apóstol Pedro escribió palabras de aliento a su pueblo describiéndolos como 'piedras vivas' de la Iglesia de Cristo: *"Y viniendo a Él como a una piedra viva, desechada por los hombres, pero escogida y preciosa delante de Dios, también vosotros, como piedras vivas, sed edificados como casa espiritual para un sacerdocio santo, para ofrecer sacrificios espirituales aceptables a Dios por medio de Jesucristo"* (1 Pedro 2:4-5).

**Reflexión:** En relación a nuestra dedicación como laicos de La Salette, *La Regla de La Salette* expresa: "Animados por el Espíritu Santo que ha impulsado al Hijo de Dios a vivir nuestra condición humana y a morir en la cruz para reconciliar al mundo con su Padre, queremos ser a la luz de la aparición de Nuestra Señora de La Salette, abnegados servidores de Cristo y de la Iglesia, para la realización del misterio de la Reconciliación" (*La Regla de La Salette*, #4, (énfasis añadido). Nos incluye a todos.

El Papa San Juan Pablo II apuntó a la responsabilidad del laicado en proclamar el reino de Dios y nos llamó a llevar nuestro testimonio de fe en nuestras vidas diarias. Nos exhortó a ser fieles a nuestras mejores tradiciones de ser una sociedad hospitalaria y generosa.

*El Catecismo de la Iglesia Católica* describe la participación de los laicos en el orden sacerdotal de Cristo: "En efecto, todas sus obras, oraciones, tareas apostólicas, la vida conyugal y familiar, el trabajo diario, el descanso espiritual y corporal... se convierte en sacrificios espirituales agradables a Dios por Jesucristo" (cf. 1 Pedro 2:5). (15) Como laico de La Salette, tienes un llamado fuerte a ser miembro activo de la Iglesia.

- ¿Das por sentado tu llamado como católico bautizado y laico de

La Salette?
- ¿Recientemente has asistido a algún retiro, a un Día de Colecta o a una gruta?
- ¿Estás leyendo la Sagrada Biblia o algún libro religioso?

## Día 61:
## Hay tiempo para todo pero Dios me promete hacer la carga más liviana

**Escrituras:** Es verdaderamente cierto que: *"Hay un tiempo señalado para todo, y hay un tiempo para cada suceso bajo el cielo: tiempo de nacer, y tiempo de morir; tiempo de plantar, y tiempo de arrancar lo plantado... tiempo de llorar, y tiempo de reír; tiempo de lamentarse, y tiempo de bailar; tiempo de lanzar piedras, y tiempo de recoger piedras; tiempo de abrazar, y tiempo de rechazar el abrazo; tiempo de buscar, y tiempo de dar por perdido; tiempo de guardar, y tiempo de desechar; tiempo de rasgar, y tiempo de coser... tiempo de guerra, y tiempo de paz. El Dios ha hecho todo apropiado a su tiempo"* (Eclesiastés 3:1-2, 4-6,8a, 8b, 11a).

**Reflexión:** A primera vista, esta letanía popular y realista sobre las experiencias de vida- buenas y malas- parecen dejarnos como en el aire. Sin embargo, realizando que este libro fue escrito cerca de 250 años antes de Cristo, debemos completarlo con el mensaje que Cristo nos trajo sobre el bien y el mal que sucede en nuestras vidas. Él dijo: *"Venid a mí, todos los que estáis cansados y cargados, y yo os haré descansar. Tomad mi yugo sobre vosotros y aprended de mí, que soy manso y humilde de corazón, y Hallareis descanso para vuestras almas. Porque mi yugo es fácil y mi carga ligera"* (Mateo 11:28-30).

Con esta sabiduría conocemos que el peso de cualquier yugo es compartido con Cristo y con todos. Él caminará con nosotros en todas nuestras situaciones, ofreciendo Su guía y visión, Su paciencia y comprensión, Su fortaleza y sanación.

La misma visión fue compartida por Nuestra Madre Llorosa de La Salette. Ella vino a iluminarnos o recordarnos el propósito y contenido de nuestra vida hoy. Tenemos que colocar el mensaje y la misión de Su Hijo en el centro de nuestras vidas y ejecutar esos hábitos de fe con regularidad y compromiso; como lo son, la celebración frecuente de la Eucaristía (Misa), la oración diaria en honor a Su Hijo, y utilizar las prácticas de la Cuaresma (el ayuno, la penitencia y la caridad) para fortalecer nuestra fe.

- ¿Cómo estás progresando en tu peregrinar de regreso al Padre?
- ¿Quién te ha estado apoyando en el camino? ¿Por qué no rezar por ellos hoy?

# Día 62:
# La imagen de la Madre Llorosa de La Salette

**Escrituras:** San Juan el Evangelista recapitula el evento de María viendo a Jesús siendo crucificado a la cruz: *"Junto a la cruz de Jesús estaban su madre, y la hermana de su madre, María, la mujer de Cleofás, y María Magdalena. Y cuando Jesús vio a su madre, y al discípulo a quien Él amaba que estaba allí cerca, dijo a su madre: ¡Mujer, he ahí tu hijo! Después dijo al discípulo: ¡He ahí tu madre! Y desde aquella hora el discípulo la recibió en su propia casa"* (Juan 19:25-27).

**Reflexión:** El Cardenal Carlo María Martini, S.J., ha reflexionado profundamente en este mensaje tanto en su aspecto literal como simbólicamente:

*"¡Mujer, he ahí tu hijo!"*: A primera vista, podríamos pensar en un cambio de heredero:...ahora hay otro que se encargue de ella. Pero en realidad, estas palabras tienen un sentido simbólico. Juan acentúa el vínculo irrompible entre María y cada uno de los discípulos, entre María y la Iglesia la cual agrupa todos los discípulos de Cristo. Es un lazo moldeado alrededor del drama salvífico de la Cruz y por lo tanto, en unión eterna, sagrada e irrevocable.

*"¡He ahí tu madre!"*: En un contexto histórico significa, cuida de mi Madre como si fuera la tuya, porque ahora va a quedar sola, porque no tiene a nadie.' En el sentido simbólico, significa que permanezca indisolublemente con ella como discípulo. Cada discípulo por tanto, está unido a María como María está unida al discípulo.

*"Y desde aquella hora el discípulo la recibió en su propia casa"*: en este momento estas palabras señalan el comienzo de una comunidad de vida. Pero aún más, indican una comunidad de afecto compartido: el discípulo desarrolla sus propios sentimientos por María, quien a cambio, comprende los sentimientos del discípulo." (16)

- ¿Cómo te interpela, (te habla a ti) este pasaje de María al pie de la Cruz?
- ¿Utilizando la imagen de María en La Salette (una foto, estatua o crucifijo) como tu foco central, qué te lleva a conectarte como laico con la Madre Llorosa de La Salette?

# Día 63: La Montaña Sagrada

**Escrituras:** *Jesús "Enseguida hizo que los discípulos subieran a la barca y fueran delante de El a la otra orilla, mientras El despedía a la multitud. Después de despedir a la multitud, subió al monte a solas para orar; y al anochecer, estaba allí solo"* (Mateo 14:22-23).

**Reflexión:** Detrás del declive de la Santa Montaña, aislado del mundo, el lugar de la Aparición nos recuerda el encuentro especial entre la Bella Dama y los dos insospechados niños, Maximino y Melania.

## El Diálogo

En nuestra imaginación, mientras sentados observábamos el barranco, le preguntamos a la Bella Dama por qué escogió ese lugar tan aislado del mundo.

**Y María dijo:** "el mundo se ha acostumbrado a las ciudades congestionadas y ruidosas, con espíritu agitado. El día de trabajo se ha convertido en lo más importante y todo lo demás parece haberse desaparecido de su vista. En mi visita a este lugar, quise hablarle a mi pueblo, expresándoles el deseo y la esperanza de mi Hijo a estas almas un tanto perdidas. He escogido este lugar en la montaña donde no hay límite de tiempo para recordarle a mi gente que desde el Bautismo han sido llamados a amar a Dios sobre todas las cosas del mundo pasajero. Hablé de la importancia de la oración y de la Eucaristía y de las ventajas de que los hábitos de fe nutran y fortalezcan su vida.

"Al sentarnos juntos en el tope de esta montaña, mi esperanza es que ustedes reciban una renovada perspectiva en su vida diaria. Oro incesantemente para que mediante la gracia y el ejemplo de mi Hijo, puedan apreciar la constante necesidad de venir a la montaña a orar. Y llenos de esperanza puedan regresar a su vida diaria renovados con una visión más clara y una determinación más fuerte a seguir el camino y mensaje de mi amado Hijo.

- ¿Cuál es esa experiencia cumbre en tu vida donde fuiste tocado por la gracia Dios?
- ¿Qué es esencial en tu vida diaria y qué eventualmente se ha convertido en menos importante?

# Día 64:
# Los pastores desprevenidos

**Escrituras:** *"Yo he venido para que mis ovejas tengan vida, y para que la tengan en abundancia... Tengo otras ovejas que no son de este redil; esas también me es necesario traerlas, y oirán mi voz, y serán un rebaño con un solo pastor"* (Juan 10:10,16).

**Reflexión:** Detrás de la pendiente de la Santa Montaña y aislada del mundo, Melania había estado atendiendo las vacas por más de seis meses en las laderas de la montaña cercana a La Salette. El lunes 14 de septiembre de 1846, Pierre Selme, el agricultor, bajó a Corps. Y le preguntó al Sr.Giraud si él podía reclutar a Maximino en sustitución de uno de sus empleados que estaba enfermo.

### El Diálogo

En nuestra imaginación le preguntamos a la Bella Dama: ¿Por qué ella a veces le hablaba a los pastores cuando venía a visitar a su gente?

**Y María les dijo:** "Aquellos que cuidan los rebaños aprenden a estar atentos, a ser pacientes y son diestros en la manera de ser de las criaturas que cuidan. Todos necesitan tiempo para reflexionar en silencio. Sin tiempo para silenciarse, se corre el riesgo de perderse a sí mismo en una multitud de proyectos, intereses y deseos. Anhelo a que cada uno tome tiempo para reflexionar y encontrar paz en un lugar aislado.

"Una y otra vez, las personas que vienen aquí descubren rápidamente que están perdidas como las ovejas que se mencionan en los Evangelios. Mi Hijo los sigue en la soledad de sus vidas, en las espinas y cardos de sus dificultades y retos. Los encuentra, los libera y los trae cerca de Él. Como reconciliadores, ustedes deben ser las manos y los pies de mi Hijo en busca de los perdidos y olvidados. Pero primero ustedes mismos deben ser reconciliados."

- ¿Cuándo te has encontrado derrumbado y alguien te ha levantado?
- ¿Cuándo has pastoreado a otras personas ayudándolos en su necesidad?

# Día 65:
# El fuego del amor de Dios

**Escrituras:** *"Y Moisés apacentaba el rebaño de Jetró ..., y llegó a Horeb, el monte de Dios. Y se le apareció el ángel del Señor en una llama de fuego, en medio de una zarza; y Moisés miró, y he aquí, la zarza ardía en fuego, y la zarza no se consumía. Entonces dijo Moisés: Me acercaré ahora para ver esta maravilla: por qué la zarza no se quema... Y el Señor dijo: ...estoy consciente de sus sufrimientos. Y he descendido para librarlos...'"* (Éxodo 3:1-3,7-8).

**Reflexión:** La primera impresión de los niños sobre la Aparición fue ver una bola de fuego caer en el barranco. Estaban asustados hasta que vieron salir de esa brillante esfera una figura que les habló.

### El Diálogo

En nuestra imaginación le preguntamos a la Bella Dama: ¿Por qué viniste sentada dentro de ese globo de fuego que nos asustó tanto?

**Y María les dijo:** "El fuego tiene mucho poder. Las Escrituras a menudo hablan sobre él; desde las zarzas ardientes hasta las lenguas de fuego en Pentecostés. Es un símbolo de pasión pero no necesariamente destruye algo tal como ocurrió en el Monte Horeb donde no se consumió el arbusto.

"Justo antes de que regresara al cielo, los dos niños se dieron cuenta que la hierba bajo sus pies estaba suavemente oscilando con la brisa, moviéndose inofensivamente. El mundo está imbuido en la presencia de Dios y vive en armonía con El. El anhelo del Fuego del amor de Dios es animarlos y dar a cada uno un amor entusiasta. Déjense agarrar por el Fuego del amor de Dios, tan evidente durante mi visita a La Salette. Compártanlo sin titubeos en todo lo que hagan."

- ¿En qué evento de sus vidas han sentido el fuego intenso del amor de Dios?
- ¿Quién es la persona que puedes describir que parece estar ardiendo en el amor de Dios?

# Día 66: Los dos niños pequeños

**Escrituras:** *"Y le traían aún a los niños muy pequeños para que los tocara, pero al ver esto los discípulos, los reprendían. Mas Jesús, llamándolos a su lado, dijo: Dejad que los niños vengan a mí, y no se lo impidán, porque de los que son como éstos es el reino de Dios. En verdad les digo: el que no recibe el reino de Dios como un niño, no entrará en él"* (Lucas 18:15-17).

**Reflexión:** La Bella Dama de La Salette le habla a los niños. Estos niños descuidados por sus familias son importantes para ella. Ella dirigió sus palabras mediante estos dos niños.

### El Diálogo

En nuestra imaginación le preguntamos a la Bella Dama sobre el lugar que ocupan los niños en nuestra vida de fe.

**Y María dijo:** "Son siempre los niños los que más sufren los conflictos del mundo. Son los que más mueren o son mutilados en las guerras, son las víctimas cuando los padres discuten o se separan. ¿Se han olvidado lo que es ser un niño? Mi hijo, Jesús, dijo que debemos ser como niños para entrar al Reino.

"Es importante recuperar la inocencia infantil de nuestros primeros años. Así como mi Hijo, guió a Maximino y Melania en sus pruebas al ser sometidos a cuestionamientos intensos y aun así permanecieron fieles a mi mensaje en La Salette ustedes también pueden ser fortalecidos con pureza y la simplicidad de un niño para enfrentar las demandas y responsabilidades de su vida de fe adulta para construir el Reino de mi Hijo en la Tierra. Además serán capaces de escuchar más fácilmente lo que dicen. De este modo, le permiten entrar a nuestro mundo y el mundo cambiará."

- ¿Cuándo has sido tocado por las palabras y acciones de un niño?
- ¿Qué hábitos fortalecen tu vida de fe; como por ejemplo, cierto modo de rezar, ciertas prácticas de un tiempo litúrgico, ciertos grupos o ministerios en tu parroquia o gruta?

## Día 67:
## Nuestra bendita Madre

**Escrituras:** *"¿Puede una mujer olvidar a su niño de pecho, sin compadecerse del hijo de sus entrañas? Aunque ellas se olvidaran, yo no te olvidaré"* (Isaías 49:15).

**Reflexión:** Al principio los dos niños en La Salette pensaron que habían encontrado una madre que huía de sus hijos abusivos de manera que pudiera llorar en la soledad de la montaña.

### El Diálogo

En nuestra imaginación le preguntamos a la Bella Dama: ¿Qué significa para nosotros tener una madre y ser madre?

**Y María dijo:** Puede ser que tu propia madre te haya respondido esta pregunta ya. Para una madre los hijos son lo más importante en el mundo. La madre es el centro de la familia. Son el nudo que mantiene los hilos de un tejido unidos.

No importa dónde o con quién sus hijos estén, ella los carga en su corazón.

"Las madres comienzan dando vida e instintivamente protegiendo la vida que va a nacer. En La Salette, lloré para recordarle que Yo muchas veces siento angustia por ustedes; por sus pobres respuestas a las palabras e invitaciones de mi Hijo. Sus ejemplos amorosos de oración, perdón, sanación y otras buenas obras son eventos para ser apreciados y hechos por ustedes en Su nombre.

"Levantan su corazón en oración a mí como la "Reconciliadora de los pecadores" y es lo que soy."

El llamado de mi hijo para un ministerio de reconciliación para toda la vida debe ser el centro de tu vida como discípulo. Con la esperanza de que mis palabras compasivas y acciones en La Salette también los alienten a actos maternales de amabilidad y generosidad, misericordia y amor sin contar el costo, tal como lo he hecho incesantemente por ustedes.

- ¿Cuáles son las cualidades de una madre (tuya o ajena) que más te atraen a ti?
- ¿Cuándo has sido llamado a llevar a cabo tareas maternales (dar vida, consolador, protector o perdonador)?

# Día 68: El Poder de Escuchar

**Escrituras:** *"Entonces El dijo: Sal y ponte en el monte delante del Señor. Y he aquí que el Señor pasaba. Y un grande y poderoso viento destrozaba los montes y quebraba las peñas delante del Señor; pero el Señor no estaba en el viento. Después del viento, un terremoto; pero el Señor no estaba en el terremoto. Después del terremoto, un fuego; pero el Señor no estaba en el fuego. Y después del fuego, el susurro de una brisa apacible. Y sucedió que cuando Elías lo oyó, se cubrió el rostro con su manto, y salió y se puso a la entrada de la cueva"* (1 Reyes 19:11-13a).

**Reflexión:** Cuando hablaron sobre su reunión con la Bella Dama, los niños dijeron que: "No pensamos en nada simplemente estábamos ahí...escuchando y absorbiendo sus palabras como si fueran música."

## El Diálogo

En nuestra imaginación le preguntamos a la Bella Dama: "¿Los dos niños respondieron bien a Tu presencia y escucharon atentamente a Tu mensaje?

**Y María dijo:** "¿Y notaste que los niños estaban simplemente ahí absorbiendo mis palabras? Ellos estaban en sintonía con las palabras proféticas que yo estaba a punto de compartirles. Algunas eran palabras severas de advertencia aun cuando eran honestas y directas. Como su madre, estaba hablando mi mensaje directamente al corazón de los dos niños y al de ustedes también."

"Fue también importante para mí responder a cada niño personalmente. Cuando me di cuenta que los dos niños estaban teniendo dificultad entendiendo mis palabras iniciales, cambié al dialecto local por su bien. También mi cuestionamiento a Maximino sobre el suceso en el campo de Coin fue un recordatorio sutil del temor profundo de su padre de no ser capaz de alimentar a su familia, esposa y a Maximino su hijo."

Esto fue una expresión turbulenta de su ansioso padre y estoy segura que Maximino apreció la inquietud de su padre."

- ¿Quién te ha puesto atención y escuchado a ti en la vida?
- ¿Qué personas te han llenado y captado tu atención cuando te han hablado?

# Día 69:
## Sus palabras de Corazón

**Escrituras:** *"Por eso muchos de sus discípulos, cuando oyeron esto, dijeron: Dura es esta declaración; ¿quién puede escucharla? Pero Jesús, sabiendo en su interior que sus discípulos murmuraban por esto, les dijo: ¿Esto les escandaliza? ¿Pues qué si vieran al Hijo del Hombre ascender adonde antes estaba? El Espíritu es el que da vida; la carne para nada aprovecha; las palabras que yo les he hablado son espíritu y son vida"* (Juan 6: 60-63).

**Reflexión:** Los niños estaban tan embelesados en las palabras de la Bella Dama que no se dieron cuenta del largo tiempo durante el cual ella les habló.

### El Diálogo

En nuestra imaginación, le preguntamos a la Bella Dama: ¿Qué te hizo compartir estas palabras en este remoto lugar a unos niños ignorantes?

**Y María dijo:** "Al pedirles a los dos niños que se acerquen lo hicieron sin vacilar. Escucharon con mucha atención, estuvieron abiertos y receptivos conmigo. Parecían absorber cada palabra. En su presencia pude hablar desde mi corazón. Escogí comenzar con predicciones austeras y presagios. Las palabras fluyeron espontáneamente. "Las palabras tienen un modo de encontrar su propia senda cuando el corazón está lleno con dolor e inquietud, con la necesidad de amonestar al igual que aconsejar. Pueden ser palabras que incomoden pero también están llenas de promesa y bendiciones. Mi mensaje fue uno que puede captar aun el corazón más endurecido. Creo que también escucharon mi preocupación misericordiosa y tierna para cada una de las etapas de sus vidas incluyendo el que se arruinen los productos básicos como las papas, uvas y nueces. Estas palabras mías exigían una respuesta, no solamente de mente pero si no de corazón.

- ¿Qué tópico del mensaje de María te llama la atención?
- ¿Cómo María expresa su preocupación directa a los niños?

# Día 70:
# Sus Abundantes Lágrimas

**Escrituras:** *"Cuando se acercó, al ver la ciudad, lloró sobre ella, diciendo: ¡Si tú también hubieras sabido en este día lo que conduce a la paz! Pero ahora está oculto a tus ojo"* (Lucas 19:41-42).

**Reflexión:** "La Bella Dama lloró mientras nos hablaba. Vi lágrimas corriendo por sus mejillas. Caían, caían... Lo sorprendente de sus lágrimas es que caían al nivel de su pecho y justo ahí sobre la cruz brillante, se convertían en perlas de luz y se desvanecían.

### El Diálogo

En nuestra imaginación le preguntamos a la Bella Dama: ¿Por qué permitiste que derramaras estas constantes lágrimas?

**Y María contestó:** "Nosotros como seres humanos necesitamos llorar de manera que podamos expresar nuestros sentimientos más arraigados. Sucede que, cuando vertimos lágrimas es porque ya estamos saturados de emociones dolorosas. Así como mi Hijo lloró sobre Jerusalén, yo también lloro incesantemente por mis hijos caprichosos en la Montaña de La Salette."

"Por supuesto, el dolor y las lágrimas pueden suavizar los más duros corazones. Cuando permito que los demás sientan mis preocupaciones mientras mis lágrimas corren, comparto mi dolor con ellos.

Maximino y Melania instantáneamente se dieron cuenta de mi sinceridad y fueron tocados no solo por mis palabras pero también por mis lágrimas.

Jesús lloró James Tissot (1836-1902)

"En otro sentido, traje dos mensajes para el mundo: uno en palabras y otro en lágrimas. En tu vida diaria debes percatarte de los que lloran porque los han herido. Están compartiendo una parte valiosa de sí mismos y debes responder con prontitud y amor."

- ¿Cuándo las lágrimas de otra persona te afectaron profundamente?
- ¿En qué ocasión te expresaste con lágrimas?

# Dia 71: Nuestra Primavera de Vida

**Escrituras:** *"...pero el que beba del agua que yo le daré, no tendrá sed jamás, sino que el agua que yo le daré se convertirá en él en una fuente de agua que brota para vida eterna"* (Juan 4:14).

**Reflexión:** En la mañana del lunes 21 de septiembre de 1846, Melania descubrió un manantial de agua en el lugar donde la Virgen se apareció. En ese mismo lugar hubo otro pequeño llamado "Pequeño Manantial" pero había dejado de fluir hacía mucho tiempo.

### El Diálogo

En nuestra imaginación, le preguntamos a la Bella Dama el significado del manantial de agua abundante que brotaba a sus pies en la Santa Montaña de La Salette.

**Y María respondió:** "El agua nos puede enseñar mucho. Cuando el agua fluye trae vida. Se da a sí misma a todos los que la necesiten. El agua es buena y generosa. Sabe cómo humedecer y darle vida al terreno. Es valiente-fluye alrededor de las rocas que tratan de bloquearle su paso. Es parte de su naturaleza, su fuerza suave trabaja de día y de noche para eliminar obstáculos. Es perseverante, debemos emular todas sus cualidades.

"Durante mi visita en La Salette, utilicé muchos símbolos para recordarle a mis hijos los fundamentos de la fe: luz para enfatizar el crucifijo en mi pecho, instrumento de la salvación, cadenas para expresar el reto de vivir una vida de fe; rosas para expresar la belleza y el gozo de seguir a mi Hijo; y finalmente el martillo y las pinzas en el crucifijo, que expresan las dos opciones que tenemos en la vida: o mantenemos los hábitos pecaminosos (clavando clavos en las manos y pies de mi Hijo) o manteniendo una vida centrada en Cristo(misericordiosamente removiéndole los clavos de las manos y pies de mi Hijo)Todo esto es la enseñanza que nos da el manantial y los demás símbolos que les presenté en mi visita en La Salette."

- ¿En tu vida, qué manantial te ha dado la fortaleza para continuar?
- ¿Qué lugar has visitado que te ha ofrecido un sentido de belleza o paz?

# Día 72:
# Nuestra Vida Íntima

**María dijo:** *"Acérquense, hijos míos, no tengan miedo."*

**Escrituras:** *"No temas, rebaño pequeño, porque vuestro Padre ha decidido darles el reino…"* (Lucas 12:32).

**Reflexión:** El llamado de María hace eco al corazón del Evangelio, anunciado con certeza por el Ángel Gabriel: *"No temas, María, porque has hallado gracia delante de Dios"* (Lucas 1:30b). Los pastores proclamaron lo que los ángeles anunciaron como la paz. Jesús mismo le dio valentía y fortaleza a sus seguidores en palabras que pronunciaban amistad e intimidad con su Abba o Padre, trayéndoles paz a sus corazones ansiosos. Les habló con ternura sobre los hijos de Dios quienes atesoran el regalo del Reino. Sufrimos más cuando olvidamos la profunda sabiduría de quien es nuestro Fiel Proveedor.

El mensaje de María en La Salette es un llamado a una profunda intimidad con Dios. Nos brinda reconciliación y nos lleva del miedo a la valentía, de la desesperación a la esperanza, nos conduce a la comunión con un amor reconciliador. Hasta hoy los hijos de Dios, podemos aprender más de la intimidad de nuestro llamado bautismal, reconociendo nuestra necesidad de Dios, sobrepasando nuestro temor al mundo y cogiendo valor con la victoria de Cristo en la cruz.

Respondiendo al llamado de la reconciliación ayuda a las 'buenas nuevas' prometidas por María en La Salette a convertirse en una realidad vivida. Abramos nuevamente las 'puertas cerradas' de nuestra vidas al escuchar las palabras familiares de Cristo hacer eco en sus corazones, *"Paz a ustedes"* (Juan 20:21). Solamente en esta intimidad podemos valientemente continuar. El mandato concluyente para hacer su mensaje conocido es uno a tomarse seriamente porque hace eco del mandato que Cristo comisionó. *"Vayan, pues, y hagan que todos los pueblos sean mis discípulos."* (Mateo 28:19).

Podemos seguir recordando las palabras de María en La Salette al llamado a hacer lo mismo.

- ¿A quién admiras como un modelo de fe?
- ¿A quién conoces que ha tenido conflicto con su fe y nunca perseveró?

# Día 73:
# Nuestra convocatoria para rezar

**María preguntó:** *"¿Oran bien, hijos míos?"*

**Escrituras:** *"Y aconteció que estando Jesús orando en cierto lugar, cuando terminó, le dijo uno de sus discípulos: Señor, enséñanos a orar, así como Juan enseñó también a sus discípulos. Y El les dijo: Cuando oren, digan: "Padre,* *santificado sea tu nombre. Venga tu reino..."* (Lucas 11:1-2).

**Reflexión:** Las palabras de María en La Salette nos enseñan que al acercarnos a ella y Su Hijo, aprendemos a comunicar no solo nuestras esperanzas y gozos si no también nuestras necesidades y miedos. ¡La oración es un poderoso medio de reconciliación! Además fue el deseo de Cristo para todos: la unidad de mente y corazón que Él tiene con su Abba (Padre) la cual es solamente posible mediante la oración que se hace viva en El.

La oración efectiva para Jesús está basada en la confianza de la promesa del Padre a escuchar y responder a todos. Hablando, escuchando, respondiendo, recibiendo y dando-estos son sus contextos y contenidos, nuestra búsqueda por dirección y significado, por unidad e intimidad, verbalmente encarnarse en la oración. En la oración escuchamos el llamado a ser reconciliados con nuestros hermanos de manera que juntos podamos traer los dones que este poder nos ofrece: de paz, paciencia y perdón al mundo dividido.

En La Salette, María conocía muy bien esta búsqueda y nos recordó nuevamente las dos oraciones poderosas que están imbuidas en el Evangelio y nos llaman a la reconciliación: el *Padrenuestro* y el *Ave María* - oraciones de necesidad, esperanza, gracia, amor íntimo y cuidado energizante. Capturados por el bullicio del mundo, podemos olvidar estas simples pero profundas expresiones de nuestras más profundas raíces de la fe. María nos enseña eso, que en nuestra debilidad, tenemos un defensor que llena nuestro Espíritu, nos da vida y nos levanta nuevamente.

- ¿Cuán frecuente oras?
- ¿Cuál es tu forma favorita de orar (oraciones formales, presencia silenciosa, reflexión de las Escrituras u otras formas de orar)?

# Día 74:
# Nuestro llamado a la Soledad

**Sobre María:** *"Los niños vieron a la Bella Dama sentada sola."*

**Escrituras:** *"Bueno es esperar en silencio la salvación del Señor. Bueno es para el hombre que se siente solo y en silencio..."* (Lamentationes 3:26,27a,

28a).

**Reflexión:** En La Salette, María refleja con su vida comprendiendo la situación difícil del que se siente solo. Ella experimentó la profundidad de la soledad en su propia vida. Escogida para cargar a Cristo, ella conoció el dolor de la incomprensión, la herida del rumor ignorante, el aislamiento de conocer la verdad más allá de las creencias.

Las espadas del sufrimiento proféticamente le atravesarían su corazón y ella sola experimentaría la fuerza de la propia entrega de Su Hijo. Conocía que aun cuando todavía la soledad hiere a su pueblo, las buenas nuevas predicadas servirían para experimentar una comunión sanadora de sus corazones y un llamado a tomar parte en la misión reconciliadora de Cristo.

En y a través de los momentos de soledad cuando Dios nos habla de corazón a corazón, podemos experimentar el atrayente amor reconciliador llegando y llamándonos a palpar la urgencia de compartir con los que se encuentren solos el poder de tal cuido tan íntimo.

Como Su Hijo, María sabía que la soledad y el aislamiento no son lo mismo. La cercanía de Jesús con su Padre la logró en sus momentos de aislamiento, de apartarse de todo y así descubrir su poder. Si seguimos este modo de orar en nuestro llamado como reconciliadores, las cargas que nacen en este mundo solitario serán levantadas y se harán más livianas por la fuerza de solidaridad dentro de la familia de creyentes de Dios. De igual manera, María vino a La Salette para que todos podamos redescubrir cómo ofrecerle a los abandonados una palabra de consuelo, un mensaje de que es importante para nosotros. Que el apartarnos en nuestra oración íntima nos conduzca al mismo fin apostólico.

- ¿Dónde y cuándo descubriste tu lugar preferido?
- ¿Prefieres orar en grupo o solo? ¿Por qué?

# Día 75:
# Nuestra Invitación al Discipulado

**María dijo:** *"¡Hace tanto tiempo que sufro por ustedes!"*

**Escrituras:** *"...se le acercó la madre de los hijos de Zebedeo con sus Jésus... El le dijo: ¿Qué deseas? Ella le dijo: Ordena que en tu reino estos dos hijos míos se sienten uno a tu derecha y el otro a tu izquierda. Pero respondiendo Jesús, dijo: No saben lo que les pido. ¿Pueden beber la copa que yo voy a beber? Ellos le dijeron: Podemos... Al oír esto, los diez (discipulos) se indignaron contra los dos hermanos"* (Mateo 20:20-22a,24).

**Reflexión:** Cristo el modelo reconciliador, nos llama a imitar su vida y nuestro discipulado se convierte en una respuesta al compromiso de seguir Su camino en el misterio y regalo que es la reconciliación.

Las palabras de María sobre su "sufrimiento por nosotros" y la profecía de Simeón de que *"...una espada traspasará aún tu propia alma"* (Lucas 2:35).

Tanto las palabras de María sobre Su sufrimiento por nosotros" como la profecía de Simeón de que "una espada traspasará tu propia alma" (Lucas 2:35) son eco de la propia pasión de Su Hijo. Como María debemos permitir que nuestras vidas se rompan y se traspasen de tal manera, que podamos eventualmente resucitar con Cristo una y otra vez. Imitar esto es esencial a nuestro llamado de reconciliación: *"Si alguno quiere seguirme, niéguese a sí mismo, tome su cruz cada día y sígame"* (Lucas 9:23).

El Padre Nuestro de James Tissot (1836-1902)

El discipulado implica compartir todas las experiencias del Maestro: gozo, dolor, pena, ofrenda, heridas, desgracia, amor, insultos y aclamación. Esta experiencias humanas no deben ser extrañas a nosotros quienes esperamos un día compartir su divinidad. María conocía cuál era el costo y proclamaba en Su vida y durante su visita a La Salette la paciencia y generosidad que son necesarias. Ella habló sobre la posición central de la fe y la necesidad de la conversión como personas llamadas a la reconciliación y a convertirse en servidores sufrientes junto con su Amado Hijo.

- ¿Cuál cruz en tu vida ha sido la más desafiante?
- ¿Cuándo tus esfuerzos de reconciliación (o los de otros) han sido exitosos o han fracasado?

## Día 76: Nuestro Pecado y Nuestra Reconciliación

**María dijo:** *"Estas son las dos cosas que hacen tan pesado el brazo de mi Hijo."*

**Escrituras:** *"Y sucedió que mientras Moisés tenía en alto su mano, Israel prevalecía... y Aarón y Hur le sostenían las manos, uno de un lado y otro del otro. Así estuvieron sus manos firmes hasta que se puso el sol"* (Éxodo 17:11a,12).

*"...Pero Dios demuestra su amor para con nosotros, en que siendo aún pecadores, Cristo murió por nosotros... Porque si cuando éramos enemigos fuimos reconciliados con Dios por la muerte de su Hijo, mucho más, habiendo sido reconciliados, seremos salvos por su vida"* (Romanos 5:8,10).

**Reflexión:** Al hacernos un llamado, desde su recuerdo del Calvario, María recapitula en sus palabras, cuánto esfuerzo y energía fueron necesarios para romper las cadenas del pecado y liberar los brazos de los hijos de Dios para llegar a los demás con amor reconciliador. Entonces podemos generosamente abrazar a los miembros del pueblo de Dios que están solos, en dudas, heridos y temerosos.

Tenemos que reaprender estas lecciones si deseamos ser verdaderos reconciliadores en el nombre de Jesús.

Como Moisés extendió sus brazos en oración y encontró apoyo para su carga; como el salmista recordó el brazo derecho de Dios ser fuerte en protección, amor y perdón.

Cristo extendió sus brazos en la Cruz, debemos ser reconciliadores que mantienen vivos estos ejemplos en nuestro vivir día a día y no permitirnos distraernos por el pecado. El amor reconciliador de Cristo, absolutamente modelado mientras lo clavaban en la Cruz nos llama a ofrecer el perdón, a acoger a los demás en un abrazo de paz aun cuando los esfuerzos parezcan sobrecogedores y la tarea sea muy grande.

- ¿Cuándo para ti la esperanza ha enfrentado mayores dificultades?
- ¿Cuándo has ayudado a otros a levantarse de sus dificultades y poder seguir adelante?

# Día 77:
# Nuestro Llamado a Adorarlo

**María dijo:** *"Les he dado seis días para trabajar y me he reservado el séptimo…"*

**Escrituras:** *"El día de reposo se hizo para el hombre, y no el hombre para el día de reposo"* (Marcos 2:27).

**Reflexión:** María nos recuerda el llamado a adorar a Dios fervientemente. En su compasión amorosa mostrada en su visita a La Salette, la Eucaristía semanal y otros hábitos de fe son esenciales en mantener viva nuestra fe. Aunque la adoración debe también estar conectada a nuestra vida antes y después de la celebración del fin de semana.

Jesús nos da la pausa para que veamos que la adoración no está simplemente localizada en un lugar o un día pero sí vivida en nuestro amor ferviente y servicio a todos lo que son el pueblo de Dios. Además en nuestro cuidado por la creación de Dios, nuestra sabia corresponsabilidad se convierte en adoración. El culto auténtico a Dios también afirma nuestro llamado a reconciliarnos con nuestros hermanos en necesidad, esto nace al Dios crearnos a todos a su imagen y semejanza (Génesis 1:27).

La verdadera adoración se forma cuando estamos unidos en una vida y liturgia que se desbordan en obras de justicia y paz. La cumbre de adoración y oración es expresada en el amor que mostramos por la creación de Dios traida a la vida por el mismo Espíritu de Dios. (Génesis 1:31). El reconocimiento de la naturaleza sacramental de toda la creación es esencial para nuestro llamado como reconciliadores y se convierte en la fuente y catalítico de nuestra oración diaria, devoción y misión. Al venir a los lugares sagrados de adoración podemos experimentar un sentido de paz en un mundo demasiado agitado. El respeto por la presencia de Dios en toda la creación es una importante fuente de nuestro culto y renovación. Requiere valor darle culto a Dios en y con nuestros hermanos, pero ahí encontramos a Dios.

- ¿Dónde te sientes más a gusto (como si estuvieras en casa) al celebrar la Eucaristía?
- ¿Qué es lo que recuerdas con cariño de la parroquia a la que asistías cuando eras más joven?

## Día 78:
## El Lenguage de las Lágrimas

**Sobre María:** María estaba llorando sentada sobre una piedra.

**Escrituras:** *Llegó, pues, Jesús y halló que Lázaro ya hacía cuatro días que estaba en el sepulcro...*

*...cuando Jesús la vio (María) llorando... se conmovió profundamente en el espíritu, y se entristeció, y dijo: ¿Dónde lo pusiste? Le dijeron: Señor, ven y ve. Jesús lloró.*

*Por eso los judíos decían: ¡Miren, cómo lo amaba! ...Jesús dijo: Quiten la piedra. ...gritó con fuerte voz: ¡Lázaro, sal fuera! Y el que había muerto salió, los pies y las manos atados con vendas, ...Jesús les dijo: Desátenlo, y déjenlo ir.* (Juan 11:17,32a,33-36,39-39a,43b-44).

**Reflexión:** El lenguaje de las lágrimas es un llamado urgente a hacer efectivo el poder y la promesa de reconciliación. No podemos quedarnos en silencio e impotentes frente a una exhortación tan íntima. Las lágrimas nos hablan: ¿Qué he hecho?, Perdóname... ¿Cuán intensamente he sido amado...? ¿Qué puedo hacer? El hablar de las lágrimas yace profundo en el Evangelio como lenguaje de Nuestro Señor llorando sobre Jerusalén, llorando con el costo del amor en el Jardín en Getsemaní y las lágrimas con la pérdida de su amigo, Lázaro.

Jesús nos enseñó el lenguaje del toque, del tono y de las lágrimas. Nos dio a nuestras lágrimas el poder de mover los corazones y las mentes mejor que cualquier otro lenguaje. Puede ser fácilmente visualizado en muchos eventos: María Magdalena buscando perdón, la viuda de Naín suplicando consuelo, el arrepentimiento de Pedro y el encuentro de María Magdalena con él después de la Resurrección. Jesús sabía que las lágrimas bien por suspiro o humanas, tienen el poder de conmover aún los corazones endurecidos como piedra y convertirlos en nuevos corazones. Son un vehículo poderoso que ofrece un cambio al corazón, compasión, sanación y esperanza. En La Salette, María mediante sus lágrimas nos llamó a ser reconciliadores, con dominio de este precioso lenguaje de amor.

- ¿Cuándo has llorado?
- ¿Cuándo has ayudado a alguien que ha estado llorando?

# Día 79:
# Nuestro Llamado a Sanar

**María dijo:** *"Si se convierten, las piedras y los peñascos se transformarán en un montón de trigo, y las papas se encontrarán sembradas por los campos."*

**Escrituras:** *"Y respondiendo Jesús, les dijo: Vayan y cuéntenle a Juan (el Bautista) lo que están viendo y oyendo: los ciegos reciben la vista y los cojos andan, los leprosos quedan limpios, los sordos oyen, los muertos son resucitados y a los pobres se les anuncia el evangelio"* (Mateo 11:4b-5).

*"Yo he venido para que tengan vida, y para que la tengan en abundancia"* (Juan 10:10b).

**Reflexión:** María sabía que la sanación y la conversión caminan de la mano. El valor de creer en Jesús viene acompañado del poder de perdonar y de ofrecerles integridad a los demás. Cuando la conversión nos llama a compartir sanación somos llamados a ofrecer ese don sin titubeos. Nuestro continuo cambio de corazón nos convierte en sanadores y reconciliadores y en esta vida podemos comenzar a: *"hago nuevas todas las cosas"* (Apocalipsis 21:5). La exhortación paulina – "en nombre de Cristo les rogamos: ¡Reconcíliense con Dios!" (2 Corintios 5:20) – es un llamado a atar las heridas de los hijos de Dios, mediante vidas de acción reconciliadora, expresando nuestra esperanza en los frutos prometidos de una vida en abundancia. Mediante la Gracia de Dios, llevamos vida a los demás sanando heridas y así brindamos una nueva esperanza a un mundo que espera ansioso.

El mensaje de La Salette, llamándonos a ser reconciliadores es por tanto un marcado y claro recordatorio de nuestro poder en Jesús para vivir como, actuar como y sonar como el Señor mismo, trabajando en nosotros, su pueblo. Por la inspiración del Espíritu Santo somos llamados- en pequeñas y grandes maneras - a hacer del mundo uno íntegro y saludable de nuevo - una nueva creación mediante el poder sanador de Cristo.

- ¿A quién te has acercado en su necesidad y has apoyado en su sanación?
- ¿A quién has acompañado en su travesía hacia su última oportunidad de sanación su muerte?

## Día 80:
## Nuestro Llamado a ser Reconciliadores

**María dijo:** *"Bueno, hijos míos, se lo dirán a todo mi pueblo."*

**Escrituras:** *"Vayan, pues, y hagan discípulos de todas las naciones, bautizándolos en el nombre del Padre y del Hijo y del Espíritu Santo, enseñándoles a guardar todo lo que les he mandado; y he aquí, yo estoy con vosotros todos los días..."* (Mateo 28:19-20a.).

**Reflexión:** El mandato concluyente de María en La Salette recuerda la encomienda a los discípulos por Su Hijo. Así como, Maximino y Melania dieron a conocer su mensaje con la simplicidad y candor propios de los niños, con sus faltas y con sus dones. Su mensaje tenía que ser llevado directamente, con valentía y fervientemente. Y eso fue lo que exactamente hicieron, como discípulos compartieron el mensaje de Jesús valientemente con todos los que encontraban a su paso.

Como Cristo vino a llamar a su gente a compartir la misión que le fue encomendada por Su Padre, María nos convoca a ser reconciliadores comprometidos, fomentando una apreciación por el mensaje de La Salette -un verdadero y especial llamado a seguir los caminos y mensaje de Su Hijo.

*Ascensión de Cristo* por Benvenuto Tisi (1481-1559)

El mensaje de María era uno de evangelización. Con confianza en este mensaje compartimos la esperanza por la unidad, *"para que todos sean uno"* (Juan 17:20-21) al actuar como reconciliadores en el nombre de Cristo.

En La Salette la creencia del Señor en nosotros se revela de Nuevo de manera que no mantengamos escondido lo que hemos escuchado. Este mandato es un llamado reconciliador que forma nuestra vida personal, familiar y comunal, una convocatoria que guía nuestro ministerio – tanto en el hogar como en cualquier otro sitio. Nos ofrece la energía para hacer de nuestro carisma elegido, presente y activo en el mundo de hoy. La fe de Dios en nuestra habilidad a ser reconciliadores es la gracia que nos impulsa a la acción, en cada momento de todos los días.

- ¿Quién conoces que está absolutamente comprometido con la unidad de su familia?
- ¿Qué don o habilidad posees que puedes usarla para ser reconciliador?

# Día 81:
# Necesitamos Compasión

**María dijo:** *"Hace tanto tiempo que sufro por ustedes... y ustedes no hacen caso."*

**Escrituras:** *"...ha desechado al viejo hombre con sus malos hábitos, y se han vestido del hombre nuevo... Entonces, como escogidos de Dios, santos y amados, revestíos de tierna compasión, bondad, humildad, mansedumbre y paciencia; sopórtense unos a otros y perdónense unos a otros, ...como Cristo les perdonó, así también haganlo ustedes..."* (Colosenses 3:9b-10a,12-13)

**Reflexión:** La compasión de Dios ha sido revelada en las Escrituras y en La Salette. Hemos sido invitados a vivir esta compasión entre nosotros mismos y a testimoniar esto con el pueblo de Dios. Siguiendo el ejemplo de María en La Salette, debemos mirar la realidad del mundo de hoy a través de los ojos de Dios. Nosotros descubriremos las fuerzas de la muerte en un mundo sin compasión y al mismo tiempo, escuchar la voz de Dios llamándonos a la compasión.

El mundo de hoy es hostil. Lo sacrifica todo en el altar por "el dios de los negocios." Las ganancias económicas determinan la vida de las personas al igual que las alianzas sociales y políticas. El actual proceso de la globalización de la economía, con sus características totalitarias, protege los privilegios de unos pocos quienes se enriquecen más a costa de que la mayoría empobrezca.

Dios revela su compasión maternal por su pueblo en las escrituras y por las lágrimas de la Bella Dama de La Salette. Ella mostró su preocupación al anunciar que "los niños pequeños morirán..." Dios pone su mirada en los débiles y oprimidos y tiene un especial afecto por los pobres. Actuemos en el nombre de Dios y traigamos esperanza y sanación a los más necesitados alrededor nuestro.

- ¿Quién en tu familia y círculo de amigos es compasivo hacia ti? ¿Y cómo te lo expresa?
- ¿Cuándo la compasión te ha llevado a responder a las necesidades de los demás?

# Día 82:
# El pueblo sufriente de Dios

**María dijo:** *"Vendrá una gran miseria."*

**Escrituras:** *"...se le apareció el ángel del Señor en una llama de fuego... Dios lo llamó de en medio de la zarza, y dijo: ¡Moisés, Moisés! Y él respondió: Heme aquí. Y el Señor dijo: Ciertamente he visto la aflicción de mi pueblo que está en Egipto, y he escuchado su clamor a causa de sus capataces, pues estoy consciente de sus sufrimientos... Ahora pues, ven y te enviaré a Faraón, para que saques a mi pueblo, los hijos de Israel, de Egipto... Ciertamente yo estaré contigo"* (Éxodo 3:2a, 4b,7,10,12a).

**Reflexión:** El mundo de hoy está hambriento y sediento de poder y de placer y a menudo prescinde de la compasión. Y el sufrimiento del pueblo de Dios no termina. Se ha prolongado en el mundo de hoy por la opresión. Los faraones de hoy continúan viviendo y respirando su idolatría del dinero mediante el consumismo y el descarte en la sociedad y dividiendo al mundo entre pobres y ricos. Varios tipos de hambre infectan nuestro mundo incluyendo el no tener su propia tierra, o poseer un hogar, estar empleado, tener educación, o buena salud o el derecho a la vida.

La Bella Dama en La Salette nos advirtió sobre la hambruna. Todavía llora sobre la tragedia que es resultado del pecado y de las estructuras pecaminosas del mundo.

Invocamos la Madre de la Reconciliación para implorarle que nos de entendimiento de la dimensión reconciliadora de "la opción por los pobres."

Que su Hijo nos dé un amor efectivo para ver que los pobres tienen el derecho a cubrir sus necesidades básicas en un mundo cambiante. Que la Bella Dama de La Salette nos aliente a luchar del lado de los pobres y en contra de la pobreza que deshumaniza a tantos hijos de Dios.

- ¿Cuándo tú o alguien han sufrido por no poder cubrir sus necesidades básicas en la vida?
- ¿Cuándo has hecho esfuerzos por alimentar a los pobres fuera de tu familia y amigos?

# Día 83:
# Dios desea Liberarnos

**María dijo:** *"...vengo a contarles una gran noticia."*

**Escrituras:** *"Y los tomaré por pueblo mío, y yo seré su Dios; y sabrán que yo soy el Señor su Dios, que los sacó de debajo de las cargas de los egipcios. "Y los traeré a la Tierra que juré dar a Abraham, a Isaac y a Jacob, y se las daré por heredad. Yo soy el Señor"* (Éxodo 6:7-8).

**Reflexión:** La compasión de Dios entró al mundo en respuesta al grito de su pueblo que fue esclavizado en Egipto. Dios vio su dolor. Vino a liberarlos, a llevarlos a una tierra de paz, libertad y dignidad. Grande es nuestro Dios que libera a su pueblo y proclama la Buena Nueva a nosotros.

El Dios del Éxodo, el Dios de la fe de nuestros antepasados, hizo un pacto con nosotros, su pueblo y vio su miseria. Envió a Su Hijo a estar con nosotros y a experimentar la intensidad de su opresión. El provoca la esperanza para una nueva vida y una corresponsabilidad en la búsqueda de la libertad.

En La Salette Jesús envía Su Madre, María, a ayudar su gente. El Señor renueva las Buenas Nuevas de la salvación en los corazones de sus hijos mediante la Bella Dama. Con compasión ella se aparece a los pobres Maximino y Melania y los invita a acercarse. Les habla en su dialecto local e inesperadamente los atiende en su vulnerabilidad y pobreza. A través de ellos ella acoge a todas las personas pobres y pecadoras por igual.

- ¿A qué "cadenas" están atados las personas que amas? ¿Y quiénes los han ayudado?
- ¿De qué manera Dios te ha ayudado cuando estabas necesitado y sobre cargado?

# Día 84:
# Dios hace un pacto con nosotros

**María dijo:** *"Si mi pueblo no quiere someterse... Si se convierten..."*

**Escrituras:** *"Escucha, oh Israel, el Señor es nuestro Dios, el Señor uno es. Amarás al Señor tu Dios con todo tu corazón, con toda tu alma y con toda tu fuerza. Y estas palabras que yo te mando hoy, estarán sobre tu corazón; y diligentemente las enseñarás a tus hijos, y hablarás de ellas cuando te sientes en tu casa y cuando andes por el camino, cuando te acuestes y cuando te levantes... entonces ten cuidado, no sea que te olvides del Señor..."* (Deuteronomio 6:4-7,12a).

**Reflexión:** Las escrituras nos dicen que Dios vino a liberar a su pueblo y a establecer un pacto con nosotros. Fue un pacto de vida a ser vivido por uno y por todos en la presencia y hacia una reverencia a Nuestro Señor. Y les dio una regla de vida-Los Diez Mandamientos (Éxodo 20:1-17).

Y el mayor de los Mandamientos (Marcos 12:25-31) –Transformarlos en personas con libertad y dignidad basados en la comunidad y la justicia, personas de Dios viviendo en piedad y fidelidad al Señor.

Jesús, Mediador y Reconciliador, Misionero del Padre Compasivo establece un pacto nuevo y eterno en perfecta reconciliación con su propia vida, muerte y resurrección. La Bella Dama, Madre de la Reconciliación viene a La Salette y los llama al arrepentimiento. Y como María prometió: *"Si se convierten..."* y también Jesús lo prometió: *"La paz les dejo, mi paz les doy; no se las doy como el mundo la da. No se turbe su corazón..."* (Juan 14:27).

- ¿A quién conoces que se ha convertido de una fe infantil (creyendo por lo que creen sus padres) a una fe adulta (creyendo porque haya tomado los pasos personalmente para su conversión)?
- ¿Qué otras clases de pactos has experimentado en tu vida, sea el matrimonio, trabajo o con la familia o amigos?

# Día 85:
# Nuestro llamado a la conversión continúa

**María dijo:** *"Si se convierten, las piedras y los peñascos se transformarán en un montón de trigo..."*

**Escrituras:** *"Y Pedro les dijo: Arrepiéntanse y sean bautizados cada uno de ustedes en el nombre de Jesucristo para el perdón de sus pecados, y recibirán el don del Espíritu Santo. Porque la promesa es para ustedes y para sus hijos y para todos los que están lejos, para tantos como el Señor nuestro Dios llame"* (Hechos 2:38-39).

**Reflexión:** Dios no se olvida su gente. Aunque herido en su amor, Dios es fiel a su pacto con nosotros. Como Oseas, el busca a su esposa infiel pero amada: *"Y sucederá que en aquel día yo responderé declara el Señor, responderé a los cielos, y ellos responderán a la tierra, y la tierra responderá al trigo, al vino nuevo y al aceite, y ellos responderán a Jezrael"* (Oseas 2:21-24). El continuamente murmura: "¡Regresa a casa!"

Reconciliados, su pueblo tendrá gracia y prosperidad, paz y seguridad, abundancia de lo que es necesario para la vida diaria; justicia y solidaridad universal. ¡Estos son los frutos de un pacto renovado! ¡Esto es el Dios que vive con su gente!

María, en su postura profética en La Salette, le habla a su pueblo en nombre de Dios. Ella denuncia los pecados de aquellas personas que se han alejado de la fe. Llora por sus sufrimientos. Como Madre de la Reconciliación, invita a su pueblo a la conversión. Si se convierten, habrá abundancia de bienes, nueva vida y paz en su fidelidad a Dios.

Acojamos y celebremos la Palabra del Señor y la consecuente súplica de María en La Salette al llamado a una conversión continua. Y que Dios quien es rico en misericordia, fuente de vida y perdón, esté con nosotros siempre.

- ¿Cuándo has sido testigo o experimentado una conversión de corazón?
- ¿Qué bendiciones te ha dado Dios en tu vida?

# Día 86:
# Compasión por todo el pueblo de Dios

**María dijo:** *"Por más que recen, hagan lo que hagan, nunca podrán recompensarme por el trabajo que he emprendido en favor de ustedes."*

**Escrituras:** *"...sino que se despojó a sí mismo tomando forma de siervo, haciéndose semejante a los hombres. Y hallándose en forma de hombre, se humilló a sí mismo, haciéndose obediente hasta la muerte, y muerte de cruz. Por lo cual Dios también le exaltó hasta lo engrandeció, y le confirió el nombre que es sobre todo nombre"* (Filipenses 2:7-9).

**Reflexión:** Desde toda la eternidad Dios ha tenido un plan extenso; designado a crear un mundo de vida, bienestar y belleza para su pueblo para que pudieran vivir en armonía con todo lo que Dios creó. Dios, durante su esclavitud y destierro trágico en Egipto y Babilonia, ellos experimentaron Su compasión en la restauración de sus vidas, libertad y paz.

Mal, el resultado del orgullo humano trae consigo opresión y corrupción, violencia y muerte. Y por eso mientras la humanidad vive la oscuridad, Dios en su compasión nos trae a La Luz, a un Siervo Fiel, que reinstaló la armonía mediante la reconciliación. Tomó para sí los sufrimientos de su pueblo con obediencia y bondad.

Jesús lleno del Espíritu del Señor anunció la Buena Nueva de la compasión de nuestro Dios reconciliador con los pobres y los oprimidos. Y en el tiempo apropiado, envió a la Bella Dama a La Salette para hablarle a su pueblo y a enseñarles cómo ser seguidores de Su Hijo. Por sus palabras y acciones ella fue nuestro modelo de un verdadero reconciliador. Llorosa, imploró constantemente a su Hijo compasivo por nosotros y nos invitó a dar a conocer el mensaje a todos.

- Caminando en las huellas de Jesús, ¿Cómo tú, al igual que Él, "te has entregado por completo" por el bien de otros?
- ¿Cómo el Señor ha demostrado su compasión por ti, ayudándote en las dificultades de tu vida?

# Día 87:
# Jesús –El Rostro Humano de Dios

**María dijo:** *"¿No me entienden, hijos míos? A ver si les digo con otras palabras."*

**Escrituras:** *"Entonces el Rey dirá a los de su derecha: Vengan, benditos de mi Padre, heredad el reino preparado para vosotros desde la fundación del mundo. "Porque tuve hambre, y me diste de comer; tuve sed, y me diste de beber; fui forastero, y me recibiste; estaba desnudo, y me vestiste; enfermo, y me visitaste; en la cárcel, y viniste a mí... En verdad les digo que, cuando lo hicieron con uno de estos hermanos míos, aún a los más pequeños, me lo hicieron a mí'"* (Mateo 25:34b-36,40b).

**Reflexión:** Celebramos la compasión inagotable de Dios por su pueblo que fue expresada por sí mismo en Jesucristo, que vivió entre nosotros. En El dios Padre asumió un rostro humano: *"...el que me ve, ve (al Padre) que me ha enviado"* (Juan 12:45). El perdón de Jesús en el Sacramento de la Reconciliación expresa el deseo del Padre para que sus hijos regresen a donde El. (Lucas 15:11-32). El sufrimiento de todos los que viven en la periferia de la humanidad es reflejado en la figura desfigurada del Hombre del Sufrimiento (Mateo 25:31-46).

Hoy, la cara del siervo sufrido se refleja en la cara de todas las víctimas de la discriminación, explotación, marginalización, aquellos sin futuro y las multitudes que están hambrientas o sin esperanza. Esta es la cara de nuestro Jesús que necesita nuestra respuesta compasiva y compromiso.

María en La Salette, es la Madre que llora por los sufrimientos de las personas infieles y desconsideradas. La pena de su Hijo Crucificado se refleja en su cara llena de lágrimas. La gloria del Señor Resucitado se refleja en la brillantez de su apariencia. Como Madre de la Reconciliación, su llamado a la conversión revela el deseo compasivo de Dios de dar nueva vida a su pueblo.

- ¿Cuándo has respondido a las necesidades de los que viven en la periferia de la humanidad?
- ¿Quién a tu alrededor está o ha estado en necesidad de tus oraciones y apoyo?

# Día 88:
# Jesús Crucificado
# – Compasión del Padre

**Sobre María:** Padre Normand Theroux, M.S. escribe, "Las lágrimas de nuestra Señora de La Salette tienen la intención de...expresar una profunda tristeza. Son signos de que...el torrente de angustia ha llegado al punto de desbordarse y la aflicción se ha convertido en heridas que se derraman por su rostro en corrientes líquidas de sufrimiento del corazón.

**Escrituras:** *"Pero han hecho esto para que se cumpla la palabra que está escrita en su ley: "me odiaron sin causa." Cuando venga el Consolador, a quien yo enviaré del Padre, es decir, el Espíritu de verdad que procede del Padre, Él dará testimonio de mí, y ustedes darán testimonio también, porque han estado conmigo desde el principio"* (Juan 15:25-27).

**Reflexión:** Este pasaje del Evangelio presenta a la Madre, al Hijo y hermano unidos en la vida y en la muerte de manera que se pueda lograr la voluntad compasiva del Padre, designada como Reconciliación.

Durante la Última Cena, el Señor Jesús, nos dejó el Último Testamento de su vida en el Pan de la Eucaristía. Clavado en la Cruz, dejó el regalo de Su Madre, como Madre de la Iglesia. En la cara del Hijo Crucificado, Dios revela su propia cara de un padre compasivo'.

A los pies de la Cruz, María compartió la muerte de Jesús la cual fue la reconciliación que liberó a su pueblo. En La Salette, sentada y en lágrimas, la Madre compartió la vida de su pueblo en sufrimiento y los llamó a la conversión. La Aparición de María en La Salette renueva nuestra fe en la infinita ternura de un Dios Salvador. En la pena maternal causada por la gente que olvidan a Dios, María carga a Cristo crucificado, fuente viva de luz que es el verdadero centro de Su Aparición.

- ¿En quién has visto la compasión de nuestro Padre amoroso?
- ¿Dónde has demostrado compasión mediante tu ayuda misericordiosa a otros?

# Día 89: María – Reflexión de Nuestro Dios Compasivo

**Sobre María:** Padre Normand Theroux, M.S., pregunta, "El signo de afecto de la Bella Dama fueron sus lágrimas, signo universalmente aceptado como muestra del amor desesperado de una madre. En la Salette son penas líquidas, corrientes derretidas de dolor deslizándose por la cara de la Dama y muestras obvias de amor…si las palabras de María son un mensaje de Su Hijo, ¿por qué entonces las mismas no comunican algo sobre la propia persona de Cristo? Si sus palabras son un reflejo de Su Voluntad, ¿por qué entonces sus lágrimas no son reflejo del propio cuido de Dios y de Su afecto? La Madre llorosa habla las palabras de Cristo. ¿Por qué entonces ella no llora las lágrimas de Dios?

**Escrituras:** *"Entonces Jesús tomó los panes, y habiendo dado gracias, los repartió a los que estaban recostados; y lo mismo hizo con los pescados, dándoles todo lo que querían. Cuando se saciaron, dijo a sus discípulos: Recogan los pedazos que sobran, para que no se pierda nada. Los recogieron, pues, y llenaron doce cestas con los pedazos de los cinco panes de cebada que sobraron a los que habían comid."* (Juan 6:11-13).

**Reflexión:** La Bella Dama de La Salette es una señal de la presencia maternal de Dios en nuestras vidas. Ella nos invitó a beber del agua pura de nuestra fe en su mensaje bíblico profundo en La Salette. Alabamos su presencia de amor, reflejando la abundancia del propio amor del Padre por nosotros.

Jesús, en su amor por los pobres, enseñó a los discípulos a compartir el pan organizando comunidades al servicio con compasión. De igual manera, María en La Salette como en las bodas de Caná es la madre pendiente del bienestar y felicidad de sus hijos. Ella está vigilante y obediente a la palabra de Jesús.

- ¿A quién has dado vida (por nacimiento, amor o perdón, apoyo o aceptación)?
- ¿Cuándo has sido alimentado con mucho más que pan? ¿Quizás te han dado esperanza, valor o amor duradero?

# Día 90:
# La Salette – Nuestro Llamado Profético

**Sobre María:** Papa San Juan Pablo II en su carta del 6 de mayo de 1996 a los Misioneros de La Salette, explica cómo se percibe nuestro propósito y misión como religiosos y laicos de La Salette: "Las palabras fuertes y simples que María habló le dieron a su mensaje una relevancia en un mundo que todavía está encerrado en la angustia de la hambruna y la guerra y de tantas otras desgracias que son signos y en muchas ocasiones consecuencias del pecado. Hoy todavía, de quien, *'todas las generaciones me tendrán por bienaventurada'* (Lucas 1:48b) guiará a todos los que sufren las pruebas de estos tiempos a un gozo nacido de una realización llena de paz de la misión asignada al pueblo de Dios."

**Escrituras:** *"Entonces María dijo: Mi alma engrandece al Señor, y mi espíritu se regocija en Dios mi Salvador. …Porque grandes cosas me ha hecho el Poderoso Santo es su nombre. Ha hecho proezas con su brazo; ha esparcido a los soberbios en el pensamiento de sus corazones"* (Lucas 1:46-47,49,51).

**Reflexión:** Padre Donald Paradis, M.S. nos lo cuestiona, "La Salette puede verse como un llamado carismático a una conciencia especial de lo que daña la libertad humana hoy, un llamado claro a la acción en dos niveles: sal y hazlo tú mismo al igual que reta, inspira enseña y entrena al pueblo de María a hacer lo mismo…

"La mayor parte de los creyentes que frecuentan nuestras grutas o de los que se convocan en la congregación de las parroquias que servimos son mayormente del tipo de católico no activista. ¿Pero cómo podemos estar seguros? Quizás hemos sido llamados y cuestionados a dar pensamiento más seriamente a los reclamos de paz y justicia por el rol innegable de nuestra nación en los crímenes globales de enriquecer más a los ricos y empobrecer más a los pobres. ¡Quizás en ciertas circunstancias necesitamos que nuestras personas se levanten, dejen escuchar sus voces y brinden su apoyo tomando parte en movimientos activistas!"

- ¿Cuándo impulsado por tu fe has respondido a una necesidad

urgente de alguien?
- ¿Cuándo fue la última vez que agradeciste a Dios por todas sus bendiciones como María hizo en su *Magnificat*?

## Día 91:
## Nuestra Madre nos habla

**Sobre María:** Padre Rene Butler, M.S., nos recuerda que "parada al lado de la Cruz de Cristo estaba María, Su Madre. Ella es tu madre también. La conoces como la Bella Dama. Ella te ayudará a ver lo que debes hacer."

**Escrituras:** El siguiente pasaje es visto como la descripción de una persona como María: *"El señor me poseyó al principio de su camino, antes de sus obras de tiempos pasados... y era su delicia de día en día, regocijándome en todo tiempo en su presencia, regocijándome en el mundo, en su tierra, y teniendo mis delicias con los hijos de los hombres"* (Proverbios 8:22,30b-31).

**Reflexión:** Padre Rene Butler, M.S., reflexiona en cómo Dios Nuestro Padre se siente sobre nosotros: "Mi hijo, no tienes una idea de cuán importante es para mí que me permitas perdonarte. No lo pospongas. Ahora es el momento idóneo. ¿Hay algo de tu pasado que no fuiste capaz de confesar? Ven ahora, arreglemos las cosas. (Tus pecados) serán totalmente borrados con la sangre de Mi Único Hijo, que voluntariamente se ofreció a sí mismo por ti. Mediante su sufrimiento, mediante su obediencia, Él ha pagado el precio completo de tu redención.

"Recueden lo que Mi Hijo les dijo: *'Os digo que de la misma manera, habrá más gozo en el cielo por un pecador que se arrepiente que por noventa y nueve justos que no necesitan arrepentimiento'* (Lucas 15:7). ¡Esa... gloriosa fuente de gozo... puedes ser tú ! Levantado en la Cruz, Mi Hijo, se convirtió en fuente de la eterna salvación para todos los que le obedecen. El es empático con tu debilidad, porque ha sido probado de todas las maneras, excepto en el pecado. Permítete acercarte a El.

- ¿Qué cualidades de tu propia madre (o líder familiar) ves en María de La Salette?

- ¿Cuándo te has encontrado en una situación trágica similar a la de María en el Calvario?

## Día 92:
## Nuestra Madre que llora trae nueva Vida

**Sobre María:** María con su propia vida proclamó una nueva creación de diversas maneras: con su aceptación a la invitación de convertirse en la madre de Jesús, nuestro Salvador, Señor y Hermano al igual que su aceptación a los pies de la Cruz de ser la Madre de la Iglesia. (Juan 15:25-27).

**Escrituras:** *"Porque así como los sufrimientos de Cristo son nuestros en abundancia, así también abunda nuestro consuelo por medio de Cristo... Por tanto no desfallecemos... Pues esta aflicción leve y pasajera nos produce un eterno peso de gloria que sobrepasa toda comparación... De modo que si alguno está en Cristo, nueva criatura es; las cosas viejas pasaron; he aquí, son hechas nuevas"* (2 Corintios 1:5, 4:16a,17;5:17).

**Reflexión:** Los miembros del Concilio Vaticano II reflexionaron en la vocación de María de traer nueva vida donde solo había muerte. Ellos dijeron: "María, hija de Adán, al consentir a la Palabra consumada, se convierte en la Madre de Jesús...se consagra totalmente como la sierva del Señor, a la persona y trabajo de Su Hijo..." Por lo tanto, correctamente los Padres la vieron como utilizada por Dios no meramente en forma pasiva pero libremente cooperando en el trabajo de la salvación humana por la fe y obediencia.

"Como San Ireneo dijo: "Al ella haber sido obediente, se convirtió en la causa de su salvación y la de toda la raza humana."

Como consecuencia, algunos de los primeros Padres, con gusto, afirmaban en sus prédicas, El nudo de la desobediencia de Eva fue desatado con la obediencia de María; lo que la virgen Eva ató con su incredulidad, la Virgen María, lo soltó con su fe. Al comparar a María con Eva, la llamaron Madre de los Vivientes, decían aún más: "la muerte por Eva, la vida por María" (*Lumen Gentium*, #56).

- ¿Cómo Jesús te ha brindado nueva vida, quizás con su perdón, amor, o gracia para que puedas continuar en el medio de los

obstáculos de la vida?
- ¿Quiénes de tu familia o amigos te han dado ánimo en tus momentos de necesidad?

## Día 93: María, nuestra Reconciliadora

**Sobre María:** En La Salette, María se identifica como nuestra madre, entendiendo el miedo inicial de los dos niños y las necesidades de sus familias-ayudando a Maximino a recordar la preocupación de su padre por tener la capacidad de proveer alimento a su pequeña familia.

**Escrituras:** *"...Dios... nos reconcilió consigo mismo por medio de Cristo, y nos dio el ministerio de la reconciliación... Por tanto, somos embajadores de Cristo, como si Dios rogara por medio de nosotros; en nombre de Cristo le rogamos: ¡Reconcíliense con Dios!"* (2 Corintios 5:18,20).

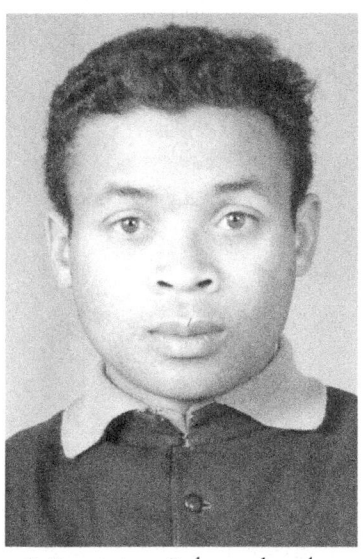

P. Dominique Rakotondrazaka, M.S. (1938-1999) como joven estudiante

**Reflexión:** Padre Dominique Kakotondrazaka, M.S., el primer director de La Casa de Estudios de La Salette para los teólogos en Madagascar, le habló a sus estudiantes y a nosotros: "Ahora enfrentamos la tarea de construir nuestra vida comunitaria. Poco a poco estamos aprendiendo a reconocer nuestra hambre por la oración, el silencio y el compartir comunitario. Afortunadamente, nuestros recursos contienen más que unas meras cualidades humanas. Nuestra unidad surge de nuestra vocación de La Salette, la cual es seguir a Cristo en el espíritu de Nuestra Dama. Las diferencias reales que existen entre nosotros se convierten en la fuente de enriquecimiento mutuo. Nuestro carisma como reconciliadores es vivir en el meollo de la vida diaria.

Como laicos comprometidos somos también llamados a ser ministros de reconciliación en diversas comunidades. Estamos retados a ser ministros de reconciliación como parte activa de nuestra familia, nuestra comunidad eclesial o en el grupo de amigos que son parte importante de nuestras vidas. Tenemos que responder generosamente a los demás con el ejemplo de María de La Salette, todo en el nombre de su hijo Jesús, quien nos reconcilió con su muerte en la Cruz.

- ¿A quién conoces que es un cristiano comprometido y un ardiente reconciliador?
- ¿Cuándo has sido reconciliado en tu vida con Dios, contigo mismo y con los demás?

# Oraciones de La Salette

## Oración a Nuestra Señora de La Salette

**Acuérdate,** Nuestra Señora de La Salette/ de las lágrimas que has derramado por nosotros en el calvario./ Acuérdate también del cuidado que tienes siempre por tu pueblo,/ para que, en nombre de Cristo,/ se deje reconciliar con Dios./ Y mira si después de tanto haber hecho por tus hijos/ ¿podrías acaso abandonarlos?/ Reconfortados por tu ternura, oh Madre,/ aquí nos tienes suplicándote/ a pesar de nuestras infidelidades e ingratitudes./

**Confiamos plenamente en ti**, oh Virgen Reconciliadora./ Haz que nuestro corazón vuelva hacia tu Hijo./ Alcánzanos la gracia de amar a Jesús por encima de todo/ y de consolarte a ti con una vida de entrega/ para la gloria de Dios y el amor de nuestros hermanos./ Amén./

## Consagración a Nuestra Señora de La Salette

**Oh, Bella Señora,** un amor de madre te trajo a la montaña de La Salette. / Allí lloraste amargamente por mí y por el mundo./ Mírame hoy que me consagro a tí sin reserva./ Desde ahora, mi alegría será en saber que soy tu hijo./

**Quiero consolar** tu corazón y acabar con tus lágrimas./ Contigo, pongo mi vida al servicio de la Reconciliación./ Encomiendo a tu protección maternal todo mi ser,/ toda mi esperanza y alegría, todo obstáculo y dolor./ Te ofrezco toda mi vida hasta sus últimos momentos./

**Te pido** que guíes mis pasos en el camino del Evangelio. / Que mi vida sea una labor profética que "derrumbe a los injutos de sus tronos y eleve a los humildes."/ Así, respaldado por Tí, avanzaré con entusiasmo y sin miedos/ en el camino de servicio indicado por tí y por tu Hijo. **Amén**. /

## Jaculatoria

**Nuestra Señora de La Salette,** Reconciliadora de los pecadores, ruega siempre por nosotros que recurrimos a ti.

# Notas al final

(1) *Radio del vaticano*, May 14, 2015.
(2) *Entrevista con Maya Angelou*: http://teentalkingcircles.org
(3) Catholic News Service, August 17, 2016.
(4) Jim Forest, *Making Friends of Enemies*, New York, Crossroad Publishers, 1989.
(5) Papa Juan Pablo II, *Sede de las Naciones Unidas*, Nueva York, 5 de octubre de 1995, #16.
(6) from "*Religion & Liberty*," vol. 9, no. 5, John Paul II's Hope for the Springtime of the Human Spirit.
(7) Silvain-Marie Giraud, *Exercices Spirituels*, pgs. 294-345.
(8) Flor McCarthy, *Windows on the Gospel*, Dublin, Dominican Publications, 1992, pg. 48.
(9) *Mensaje De Su Santidad Benedicto XVI Para La Celebración De La XLIII Jornada Mundial De La Paz, 1 De Enero De 2010*, #6.
(10) Henri J.M. Nouwen, *Letters to Marc About Jesus; Living a Spiritual Life in a Material World*, HarperOne, 1988.
(11) Papa Juan Pablo II, *Ecclesia in America*, Ciudad de México, 22 de enero de 1999, #44.
(12) San Juan Crisóstomo, homilía 50, #3-4.
(14) Papa Benedicto XVI, Octubre de 2011, emitido en *L'Osservatore Romano*, 2 de noviembre de 2011, pg. 10.
(15) *Catecismo de la Iglesia Católica*, #901.
(16) Cardinal Carlo Martini, *Mary Suffers Still* (translated from the Italian, "*Maria Soffre Ancora: Presentazione di Bruno Forte, 1997*), pgs. 43-50, 111-112.

Made in United States
North Haven, CT
17 January 2024